Marketing internacional

Central de Qualidade — FGV Management
ouvidoria@fgv.br

SÉRIE COMÉRCIO EXTERIOR E NEGÓCIOS INTERNACIONAIS

Marketing internacional

Miguel Lima
Ana Paula L. A. Repezza
Kenya do Couto Ferreira Lima
Pedro Guilherme Kraus

Copyright © 2015 Miguel Lima, Ana Paula L. A. Repezza, Kenya do Couto Ferreira Lima, Pedro Guilherme Kraus

Direitos desta edição reservados à
EDITORA FGV
Rua Jornalista Orlando Dantas, 37
22231-010 — Rio de Janeiro, RJ — Brasil
Tels.: 0800-021-7777 — 21-3799-4427
Fax: 21-3799-4430
editora@fgv.br — pedidoseditora@fgv.br
www.fgv.br/editora

Impresso no Brasil/*Printed in Brazil*

Todos os direitos reservados. A reprodução não autorizada desta publicação, no todo ou em parte, constitui violação do copyright (Lei nº 9.610/98).

Os conceitos emitidos neste livro são de inteira responsabilidade dos autores.

1ª edição — 2015; 1ª reimpressão — 2016.

Revisão de originais: Sandra Frank
Editoração eletrônica: FA Studio
Revisão: Fernanda Villa Nova de Mello e Fatima Caroni
Capa: aspecto:design
Ilustração de capa: Fesouza

Lima, Miguel
    Marketing internacional / Miguel Lima ...[et al]. — Rio de Janeiro: Editora
    160 p. — (Comércio exterior e negócios internacionais)

    Em colaboração com: Ana Paula L. A. Repezza, Kenya do Couto Ferreira Lima, Pedro Guilherme Kraus.

    Publicações FGV Management.
    Inclui bibliografia.
    ISBN: 978-85-225-1620-9

    1. Marketing de exportação. 2. Planejamento estratégico. 3. Organização. I. Repezza, Ana Paula L. A. II. Lima, Kenya do Couto Ferreira. III. Kraus, Pedro Guilherme. IV. FGV Management. V. Fundação Getulio Vargas. VI. Título. VII. Série.

CDD — 658.8

Aos nossos alunos e aos nossos colegas docentes, que nos levam a pensar e repensar nossas práticas.

Sumário

Apresentação 11

Introdução 15

1 | Estratégias e estruturas organizacionais de internacionalização: modos de entrada com menor envolvimento do exportador 19

A globalização e o impacto nas empresas brasileiras 19

Modos de entrada no mercado internacional 22

Exportação indireta 24

Exportação direta 26

Representante ou agente de vendas 27

Importador distribuidor 28

Consórcio de exportação 29

E-commerce 32

Agentes de compra 34

Broker 35

Exercitando conceitos 37

Estudo de caso: internacionalização de uma marca
brasileira de surfwear 39

2 | Estratégias e estruturas organizacionais mais complexas de internacionalização 47

Subsidiária de vendas ou filial comercial 48
Licenciamento (licensing) 51
Contrato de manufatura (contract manufacturing) 52
Montagem (assembly) 53
Franchising 54
Joint venture 55
Subsidiária de produção ou de operações 59
Modelo multinacional 63
Modelo global 64
Modelo internacional 65
Modelo transnacional 67
Exercitando conceitos 68
Estudo de caso: O Boticário – diversificação do modelo
de distribuição como forma de agregação de valor
à marca 69
Estudo de caso: internacionalização de uma marca
brasileira de surfwear 72

3 | Fontes de informações no comércio internacional 75

O papel da informação 76
Informações básicas para atuar no comércio
internacional 79
Marketing exterior regular 84
Marketing multidoméstico 89
Marketing global 90
Fontes de informação 91

Exercitando conceitos   100

Estudo de caso: internacionalização de uma marca
brasileira de surfwear   102

4 | Decisões de produto, preço, distribuição e comunicação em nível internacional   105

Decisões de produto e marca em nível
internacional   106

Decisões de preço em nível internacional   112

Decisões de distribuição em nível internacional   129

Decisões de comunicação em nível internacional   136

Exercitando conceitos   144

Estudo de caso: internacionalização de uma marca
brasileira de surfwear   144

Conclusão   147

Referências   151

Os autores   159

Apresentação

Este livro compõe as Publicações FGV Management, programa de educação continuada da Fundação Getulio Vargas (FGV).

A FGV é uma instituição de direito privado, com mais de meio século de existência, gerando conhecimento por meio da pesquisa, transmitindo informações e formando habilidades por meio da educação, prestando assistência técnica às organizações e contribuindo para um Brasil sustentável e competitivo no cenário internacional.

A estrutura acadêmica da FGV é composta por nove escolas e institutos, a saber: Escola Brasileira de Administração Pública e de Empresas (Ebape), dirigida pelo professor Flavio Carvalho de Vasconcelos; Escola de Administração de Empresas de São Paulo (Eaesp), dirigida pela professora Maria Tereza Leme Fleury; Escola de Pós-Graduação em Economia (EPGE), dirigida pelo professor Rubens Penha Cysne; Centro de Pesquisa e Documentação de História Contemporânea do Brasil (Cpdoc), dirigido pelo professor Celso Castro; Escola de Direito de São Paulo (Direito GV), dirigida pelo professor Oscar Vilhena

Vieira; Escola de Direito do Rio de Janeiro (Direito Rio), dirigida pelo professor Joaquim Falcão; Escola de Economia de São Paulo (Eesp), dirigida pelo professor Yoshiaki Nakano; Instituto Brasileiro de Economia (Ibre), dirigido pelo professor Luiz Guilherme Schymura de Oliveira; e Escola de Matemática Aplicada (Emap), dirigida pela professora Maria Izabel Tavares Gramacho. São diversas unidades com a marca FGV, trabalhando com a mesma filosofia: gerar e disseminar o conhecimento pelo país.

Dentro de suas áreas específicas de conhecimento, cada escola é responsável pela criação e elaboração dos cursos oferecidos pelo Instituto de Desenvolvimento Educacional (IDE), criado em 2003, com o objetivo de coordenar e gerenciar uma rede de distribuição única para os produtos e serviços educacionais produzidos pela FGV, por meio de suas escolas. Dirigido pelo professor Rubens Mario Alberto Wachholz, o IDE conta com a Direção de Gestão Acadêmica pela professora Maria Alice da Justa Lemos, com a Direção da Rede Management pelo professor Mário Couto Soares Pinto, com a Direção dos Cursos Corporativos pelo professor Luiz Ernesto Migliora, com a Direção dos Núcleos MGM Brasília e Rio de Janeiro pelo professor Silvio Roberto Badenes de Gouvea, com a Direção do Núcleo MGM São Paulo pelo professor Paulo Mattos de Lemos, com a Direção das Soluções Educacionais pela professora Mary Kimiko Magalhães Guimarães Murashima e com a Direção dos Serviços Compartilhados pelo professor Gerson Lachtermacher. O IDE engloba o programa FGV Management e sua rede conveniada, distribuída em todo o país, e, por meio de seus programas, desenvolve soluções em educação presencial e a distância e em treinamento corporativo customizado, prestando apoio efetivo à rede FGV, de acordo com os padrões de excelência da instituição.

Este livro representa mais um esforço da FGV em socializar seu aprendizado e suas conquistas. Ele é escrito por professores do FGV Management, profissionais de reconhecida competência acadêmica e prática, o que torna possível atender às demandas do mercado, tendo como suporte sólida fundamentação teórica.

A FGV espera, com mais essa iniciativa, oferecer a estudantes, gestores, técnicos e a todos aqueles que têm internalizado o conceito de educação continuada, tão relevante na era do conhecimento na qual se vive, insumos que, agregados às suas práticas, possam contribuir para sua especialização, atualização e aperfeiçoamento.

Rubens Mario Alberto Wachholz
Diretor do Instituto de Desenvolvimento Educacional

Sylvia Constant Vergara
Coordenadora das Publicações FGV Management

Introdução

É muito comum uma pergunta: qual é a diferença entre o marketing desenvolvido no mercado interno e o marketing internacional?

Existem dezenas de conceitos, mas um conceito nosso que sintetiza de uma forma simples e bem clara o marketing é: desenvolver produtos ou serviços que atendam às necessidades e aos desejos dos consumidores de uma forma lucrativa para o acionista e de acordo com a legislação e a ética.

Para que possamos desenvolver produtos e serviços que atendam às necessidades e aos desejos dos consumidores, precisamos, primeiramente, conhecer esses consumidores, o que eles querem, quais são seus gostos, tradições, como é seu processo de decisão de compra, como falar a linguagem que eles entendam e que os motive a comprar nosso produto e não o da concorrência. A ferramenta que permite conhecer esse consumidor é a pesquisa de marketing. Enfim, precisamos ter informações sobre o mercado e o cliente.

Mas e o marketing internacional? Você poderia perguntar, leitor: qual é a diferença do marketing internacional para o marketing doméstico? O marketing internacional é mais complexo?

Não há diferença em verdade, pois cabe também ao marketing internacional desenvolver produtos e serviços que atendam às necessidades e aos desejos dos consumidores. Só que esses consumidores estão em outros países, com culturas, línguas, gostos, tradições, legislações e processos de decisão de compra, em geral, diferentes do nosso mercado interno. A legislação e a ética podem ser diferentes. O acionista pode querer ter uma remuneração diferente, já que o risco é maior em mercados desconhecidos pela empresa. Essa é a complexidade do marketing internacional. Para entender esse cliente é preciso conhecer o que ele necessita e deseja, saber quem são seus concorrentes e conhecer profundamente o ambiente político, econômico, cultural, demográfico, legal e tecnológico em cada país-alvo. Essa complexidade é que torna o marketing internacional desafiador para os gestores e as empresas.

Este livro tem como objetivo contribuir para que tenhamos cada vez mais profissionais da área de marketing internacional, e empresas brasileiras que possam desenvolver marcas globais e colocar nossos produtos nas gôndolas do mundo.

O primeiro capítulo aborda a globalização e seu impacto nas empresas brasileiras, mostrando como o comércio exterior brasileiro tem crescido na última década, apesar de ainda tímido, em relação aos demais membros do bloco formado por Brasil, Rússia, Índia, China e África do Sul (Brics). Serão abordadas também as formas iniciais e menos complexas de entrada no mercado internacional.

O segundo capítulo examina as estruturas e estratégias mais complexas de internacionalização, mostrando a evolução dos modelos organizacionais e de gestão internacional.

No terceiro capítulo, são evidenciadas as fontes de informações no comércio internacional, de suma importância para os gestores tomarem decisões acerca de produto, preço, distribuição e comunicação em nível internacional.

O quarto capítulo apresenta as estratégias de marketing mix em nível internacional, mostrando como os gestores devem balizar suas decisões ao desenvolver um produto e uma marca em nível internacional, como estabelecer a precificação em mercados que não o mercado brasileiro, quais os canais de distribuição para atingir esse cliente em cada país-alvo e como se comunicar de forma eficiente, sem correr riscos de ruídos na comunicação devido a questões culturais.

Ao final de cada capítulo, conforme o conteúdo abordado, desenvolvemos um caso real de uma empresa brasileira de médio porte que internacionalizou sua marca.

Seja bem-vindo, leitor, a esse novo desafio: lidar com o ambiente globalizado de negócios!

1

Estratégias e estruturas organizacionais de internacionalização: modos de entrada com menor envolvimento do exportador

Neste capítulo, apresentaremos inicialmente o impacto que a globalização gerou nas empresas brasileiras e que motivou um grande número de empresas a se internacionalizar, buscando, em mercados no exterior, competências que lhes permitissem concorrer com *players* globais no próprio mercado interno brasileiro.

Mostraremos também as formas de entrada no mercado externo. Veremos que as empresas em geral iniciam seu processo de internacionalização pela exportação indireta, mas podem também iniciar suas atividades no exterior por meio da exportação direta. Demonstraremos em que situações as empresas devem utilizar uma ou outra forma e os riscos inerentes à escolha.

A globalização e o impacto nas empresas brasileiras

Segundo o Ministério do Desenvolvimento, Indústria e Comércio Exterior, o Brasil, a sétima maior economia no mundo, tem uma participação pífia no comércio internacional. Em 2011, fomos o 22º no ranking dos países exportadores, com somente

1,4% das exportações mundiais, e o 21º no ranking dos países importadores, com 1,3% das importações.

A China lidera o ranking dos países exportadores, com 10,4% em 2011 (10 vezes mais do que o Brasil), acompanhada, em segundo lugar, pelos Estados Unidos, com 8,1%, e pela Alemanha, com também 8,1% das exportações mundiais.

Os Estados Unidos lideram o ranking dos países importadores, com 12,3% das importações mundiais em 2011, acompanhados pela China, em segundo lugar, com 9,5%, e Alemanha, com 6,8% das importações mundiais.

O panorama apresentado demonstra que ainda somos um país com grande foco no mercado interno. Contudo, além da questão quantitativa, temos um aspecto qualitativo das exportações brasileiras: 46,8% das nossas exportações são de produtos básicos em geral, as chamadas *commodities*. Se somarmos os produtos chamados semimanufaturados, que representam 13,6% da nossa pauta de exportação, teremos 60,4% das exportações com produtos de baixo valor agregado. Os produtos manufaturados representam 37,4% da nossa pauta de exportações. Quando falamos em produtos manufaturados, podemos estar nos referindo a um simples prego ou a um avião da Embraer.

Outro aspecto negativo, no que tange às nossas exportações, é que as empresas de grande porte representam 95,6% das exportações brasileiras, e 3,4% das exportações são provenientes da média empresa, de modo que somente 1% das exportações provém das pequenas empresas e pessoas físicas. Ficará mais claro para você, leitor, entender então nosso comentário neste capítulo, mais à frente, no item que trata dos consórcios de exportação. Esses números explicam por que os consórcios de exportação que existem como conceito de negócio há mais de 30 anos no Brasil não conseguem decolar, apesar de diversos esforços governamentais.

Conhecendo esses números nada alvissareiros para o comércio exterior brasileiro, podemos dizer que demos um salto nas exportações em uma década, saindo de US$ 73,203 bilhões de exportações em 2003, para US$ 242,6 bilhões em 2012, ou seja, um crescimento de 231% no período.

As importações deram um salto maior, saindo do patamar de US$ 48,326 bilhões em 2003 para US$ 223,149 bilhões em 2012, com incremento de 363%.

Apesar da crise mundial de 2008 e 2009, podemos dizer que, quantitativamente, tivemos um crescimento vigoroso da nossa inserção mundial, mas ainda temos muita "lição de casa" para fazer. A primeira é a melhoria da qualidade e do valor agregado de nossas exportações.

A Alpargatas conseguiu adicionar valor a um produto simples (uma sandália de dedos), posicionando a marca Havaianas como *fashion* no mercado mundial. Se amanhã ficar inviável a produção das sandálias Havaianas no Brasil para exportação, devido à estrutura de custos no mercado interno ou à taxa de câmbio desinteressante para exportar, ou a ambas, a Alpargatas irá produzi-la em algum local no mundo, com custos menores, mas o adicionamento de valor do intangível "marca" será da empresa e da economia brasileira. Infelizmente são poucos os exemplos de sucesso como esse da Havaianas.

Até os anos 1990, as empresas brasileiras estavam protegidas por uma barreira tarifária que permitia pouca concorrência externa. O processo de globalização – assim chamadas a desregulamentação e a abertura dos mercados que começaram a varrer o mundo nos anos 1980, na onda neoliberal – nos atingiu gradativamente a partir de 1990, provocando um choque, com falência de empresas que não conseguiam acompanhar o padrão mundial de preços e qualidade.

As empresas, para sobreviver, tiveram de promover um verdadeiro rali de *benchmark* global. E uma das melhores formas de uma empresa passar a desenvolver produtos com padrão global de qualidade e preço é competir na arena global.

Presenciamos, então, um aumento do processo de internacionalização das empresas brasileiras. A criação do Mercosul, em 1991, pelas pressupostas vantagens de exportar para os países desse bloco devido à proximidade geográfica e cultural e à baixa proteção tarifária, impulsionou muitas empresas brasileiras a debutarem no comércio exterior.

Na década passada, tivemos um forte movimento de empresas brasileiras comprando ativos no exterior e se tornando transnacionais. O real valorizado e a política de governo, via Banco Nacional de Desenvolvimento Econômico e Social (BNDES), foram instrumentos importantes nesse processo.

Vamos então, leitor, conhecer os modos de entrada no mercado internacional.

Modos de entrada no mercado internacional

A principal decisão de uma empresa, ao iniciar seu processo de internacionalização, é seu modo de entrada no mercado internacional. Esse é um novo desafio para os dirigentes de uma empresa. Cada país é um mercado diferente do mercado interno brasileiro e, em cada novo país que a empresa decide entrar, há a necessidade de conhecer um novo mercado com aspectos econômicos, socioculturais, políticos, demográficos, jurídicos e demandas específicas dos consumidores locais.

A decisão de iniciar esse processo com países com cultura próxima à do país de origem da empresa ou de seus dirigentes é o curso natural, já que o ser humano se sente em geral mais seguro ao estar "próximo" do que lhe é conhecido. Isso reduz a incerteza, já que diminui a distância psíquica que Johanson e Vahine (1977), pesquisadores da Escola de Uppsala, evidenciaram em suas pesquisas e estudos sobre o processo de internacionalização das empresas suecas. Quanto mais diferentes forem a cultura e os arcabouços jurídico, político e econômico de um país em relação a outro, maior é a distância psíquica. A possibilidade de equívocos no entendimento do mercado de um novo país-alvo da empresa torna maior a probabilidade de insucesso. É natural que empresas brasileiras iniciem seu processo de internacionalização por países da América Latina, Portugal e ex-colônias portuguesas na África, diante da proximidade cultural.

Empresas do Sul do país, cujos dirigentes são de origem italiana ou alemã, procuram iniciar seu processo de internacionalização por meio dos seus países de origem, com os quais ainda mantêm grande relação sociocultural e afetiva e, portanto, possuem relativo conhecimento desses mercados.

Apesar de estudos dos pesquisadores da Escola de Uppsala estarem ligados à experiência das empresas suecas, verificou-se que esse fenômeno se aplicava também a outras experiências de internacionalização de empresas de diversos países.

Contudo, a partir da década de 1980, alguns pesquisadores, tais como Reid (1983) e Stubbart (1983), entre outros, têm procurado contestar os preceitos da Escola de Uppsala, alegando ser uma teoria que poderia se aplicar a alguns setores, porém não a todos, principalmente quando o mundo globalizado aproxima cada vez mais as culturas, as estruturas jurídicas e institucionais, e o acesso e o nível de informação se tornam mais disponíveis para todas as empresas, independentemente de seu tamanho e recursos.

Para as empresas que iniciam suas atividades internacionais, principalmente as pequenas e médias empresas, existe uma limitação de dirigentes e executivos com formação na área de negócios internacionais.

Algumas empresas iniciam sua atividade internacional por necessidades imediatas de sobrevivência, por exemplo, em momentos de crise no mercado interno ou taxas de câmbio favoráveis à exportação, tornando os lucros maiores em negócios com o exterior do que no mercado interno.

Para essas empresas imediatistas e outras que, estrategicamente, querem se inserir no mercado internacional de forma incremental, buscando conhecimento gradativo das atividades de comércio exterior para correr menos riscos, a forma ideal de entrada no mercado externo se dá pela exportação indireta, devido ao baixo envolvimento da empresa nessa atividade.

Exportação indireta

Denominamos exportação indireta quando a empresa produtora no país de origem vende seu produto para empresas comerciais exportadoras, *trading companies* ou importadores estrangeiros (ou suas subsidiárias) estabelecidos no país de origem. É, praticamente, uma venda no mercado interno, equiparada, para fins fiscais, a uma exportação. A *trading company* ou a empresa comercial exportadora domiciliada no Brasil é que será a empresa exportadora.

As *trading companies* foram criadas no Brasil pelo Decreto-Lei nº 1.248/1972, para incentivar a vinda dessas companhias estrangeiras com grande *expertise* na área de comércio exterior, a fim de incrementar as exportações brasileiras logo após a primeira crise do petróleo, que deixou a balança comercial brasileira extremamente deficitária, em virtude dos poucos produtos da nossa pauta de exportação, naquele momento, e do grande aumento da conta-petróleo em nossa pauta de importação.

Toda grande empresa estatal e privada no Brasil, então, criou sua *trading company*, pelas vantagens fiscais e creditícias que a legislação brasileira propiciava naquele momento.

As *trading companies* tiveram um papel importante para o desenvolvimento, na área internacional, de uma geração de executivos que até hoje contribuem para o setor no Brasil, por exemplo, na Petrobras Comércio Internacional (Interbras), Cotia Trading, Coimex, entre outras.

Nos anos 1990, as *trading companies* passaram a desempenhar um papel mais importante nas importações e na área logística, com seus grandes armazéns em áreas alfandegadas (portos secos). As *tradings companies* que se mantiveram na área de exportação acabaram, em geral, se especializando em *commodities* minerais e no setor do agronegócio.

Iniciar seu processo de internacionalização por meio da venda de seus produtos para uma *trading company* reduz riscos, pois é esse intermediário que abre o mercado no exterior e tem todo o custo comercial de colocação do produto naquele país-alvo. Contudo, o produtor nacional não tem acesso ao país-alvo, não podendo incrementar seu conhecimento sobre o cliente e o mercado no país-alvo, além de perder todo o controle do mercado, pois toda política comercial é realizada pela *trading company*.

Não podemos afirmar, porém, que não haja agregação de *expertise* quando a empresa se utiliza de uma *trading company* no início de suas atividades no mercado internacional. A *trading company*, como compradora do produto no mercado interno, irá definir o padrão de qualidade internacional que atenda a especificidades da legislação do país-alvo. De uma forma ou de outra, a empresa produtora nacional irá incorporar esses novos padrões ao seu produto. Na exportação, os prazos para embarque das cargas e cumprimento das cartas de crédito impõem às empresas um novo padrão de respeito a prazos e demandas que, muitas vezes, não se verifica no mercado interno.

Ademais, a empresa produtora pode enviar seus executivos para participarem de feiras internacionais no segmento de negócio, os quais passam a conhecer as demandas do país-alvo, o perfil do cliente local, os canais de distribuição, ou seja, o mercado interno daquele país-alvo, para gradativamente ingressar nesse mercado sem a necessidade da *trading company*.

Produtos e serviços que requeiram pós-venda e posicionamento estratégico da marca no segmento *premium* devem evitar iniciar seu processo de internacionalização dessa forma. Nesses casos, e mesmo em situações que não se ajustem a esse perfil, mas em que a empresa produtora deseje, estrategicamente, um maior envolvimento nas atividades de comércio exterior e correr mais riscos, as atividades no mercado internacional devem ser iniciadas por meio da exportação direta ou de formas mistas.

Exportação direta

Na exportação direta, o produtor nacional passará a ser o próprio exportador. O produtor exportador poderá se utilizar de prestadores de serviços financeiros, operacionais e de logística, tais como bancos e corretoras de câmbio, despachantes aduaneiros, *freight forwarders*, transitários, agentes de cargas aéreas, NVOCCs (*non vessel operators common carriers*), agências marítimas, transportadores internacionais de cargas, entre outros, para que a operação de exportação seja concretizada.

Contudo, o produtor exportador necessitará, inicialmente, de um intermediário comercial no país-alvo, que poderá ser um representante ou agente de vendas ou um importador distribuidor.

Quando se inicia a abertura comercial de um país-alvo, a empresa desconhece, por mais que tenha pesquisado e analisado anteriormente esse mercado, os meandros da cultura local, canais de distribuição, aspectos e detalhes fiscais e regulatórios, práticas comerciais. Precisa, pois, de um elo que facilite essa entrada e reduza os riscos e custos inerentes a esse desconhecimento. Em alguns países, a legislação local somente permite que as importações sejam feitas com um responsável local. Em outros países, os compradores institucionais locais só compram produtos importados com o aval comercial de uma empresa de renome local no setor de distribuição.

Outro ponto importante, para justificar a adoção desses intermediários locais, é o fato de que, ao iniciar as exportações para um país-alvo, o volume exportado é baixo, não justificando ter uma estrutura comercial própria local (subsidiária de vendas), pelo alto custo do imobilizado local.

Gestores de empresas que estejam decidindo a entrada no mercado internacional devem refletir sobre qual é o controle do canal de distribuição que devem exercer, de modo que seja coerente com o posicionamento estratégico desejado para sua marca. Se a decisão for de maior controle do posicionamento da marca, implicará a entrada no país-alvo através da exportação direta em vez da exportação indireta, em que a venda para *trading companies* faz com que o fabricante perca o controle do canal de distribuição no exterior.

Representante ou agente de vendas

O representante ou agente de vendas poderá ser uma pessoa física ou jurídica que, naquele segmento de negócios, tem grande conhecimento da concorrência, canais de distribuição, perfil do cliente, legislação e todas as informações necessárias para vender seus produtos para distribuidores locais, varejo em geral, empresas importadoras, lojas de departamentos, grandes cadeias de varejo e governo.

O representante ou agente de vendas deve ter credibilidade comercial e financeira. Ele, literalmente, abre portas com seu conhecimento no segmento. Deve ser especializado naquele segmento de negócio ou congênere.

O representante é comissionado pelas vendas que realiza, sendo, em geral, a comissão sobre vendas entre 2% e 10% do valor exportado, dependendo do produto e do envolvimento de seus serviços. Se ele presta pós-venda ou trata-se de uma venda extremamente técnica, sua comissão será de maior percentual.

Os contratos de representação devem ser inicialmente de dois a três anos de duração, para permitir que seja realizado um trabalho de maior credibilidade por parte do representante. Contratos com maior prazo de duração não são recomendáveis, por "prender" o exportador por longo tempo a um intermediário que, em princípio, tinha todas as qualidades comerciais possíveis, mas que não demonstrou efetividade em suas atividades naquele país-alvo.

Importador distribuidor

O importador distribuidor é o intermediário no país-alvo que compra em grandes quantidades, em lotes econômicos (um contêiner completo), reduzindo, assim, o custo logístico. Ele vende, no país-alvo, para os distribuidores regionais ou locais, atacadistas, varejo, grandes cadeias de lojas de departamentos, empresas e governo.

O importador distribuidor deve ter credibilidade comercial e capacidade financeira para poder importar em grandes quantidades e manter estoque de produtos. Deve ter acesso ao mercado e conhecer muito bem o cliente final e os canais de distribuição. Deve ter capacidade de prestar pós-venda, se o produto requerer.

O risco do estoque é do importador distribuidor, ou seja, se ele importar grandes quantidades e não vender, arcará com o custo do estoque. Nesse caso, o exportador corre o risco de que o importador distribuidor venha a fazer liquidações ou venda para qualquer tipo de canal de distribuição e cliente. Se o produto requerer um posicionamento estratégico *premium*, ou se for um produto de grife, o exportador deverá procurar criar mecanismos para controle do mercado, como contratos de distribuição que determinem preço mínimo, perfil do ponto de venda, mídias para atingir o público-alvo. É recomendável que se façam auditorias para checar se o importador distribuidor está cumprindo o contrato.

A Alpargatas, no mercado internacional, posicionou as sandálias Havaianas como um produto e marca *cool* e *fashion*, e, portanto, para um público-alvo com perfil descolado, mas *premium*, para uma sandália de dedos. Obviamente que a entrada no mercado internacional se deu por meio de importadores distribuidores em cada país-alvo. Contudo, seu produto foi parar, em alguns casos, em promoções e prateleiras do Walmart. A estratégia utilizada pela Alpargatas para evitar e controlar tais ações será vista por você, leitor, mais adiante, quando comentarmos sobre a subsidiária de vendas.

Consórcio de exportação

Para empresas pequenas e médias, o processo de internacionalização se torna mais difícil e complexo, primeiramente pela dificuldade natural de recursos financeiros e humanos, característica desse tipo de empresa.

A forma ideal, para engajamento das pequenas e médias empresas brasileiras no comércio internacional, é a formação de consórcios de exportação, que o governo federal vem procurando incentivar por meio do Sebrae.

O consórcio de exportação é um agrupamento de empresas com as seguintes finalidades:

❑ redução dos custos de aprendizado no comércio exterior, tais como participação em feiras internacionais, confecção de material promocional;
❑ otimização dos custos do departamento de exportação, já que se trata de um só departamento para todos os consorciados;

- redução dos custos logísticos e de produção por maior economia de escala;
- criação de uma marca com maior visibilidade;
- maior diversificação de mercados e redução dos custos advindos por sazonalidade no mercado interno;
- troca de informações sobre experiências e cooperação entre os consorciados.

As empresas participantes do consórcio de exportação definem, entre elas, como será a constituição do consórcio, deveres e obrigações de cada membro, seu objetivo e sua estrutura; criam um departamento de exportação com um diretor ou gerente, que será responsável por toda a comercialização internacional; e desenvolvem uma marca que será utilizada pelo consórcio.

Importante frisar que, nas atividades no mercado interno brasileiro, os membros do consórcio de exportação continuam concorrentes entre si.

Existem diversos tipos de consórcios de exportação em vários países do mundo, mas a Itália se destaca como um grande centro de *expertise* nesse segmento. O Sebrae tem trazido diversos consultores italianos para o Brasil, a fim de difundir esse conceito entre as pequenas e médias empresas brasileiras.

Aliás, a experiência brasileira nesse segmento vem desde os anos 1970, quando foi frustrada na década de 1980. No final dos anos 1990, novamente se iniciou a implantação e difusão dos consórcios de exportação no Brasil. O modelo de consórcio que se estabeleceu foi o consórcio de um único setor (monossetorial), ou seja, um agrupamento de diversos produtores de um só setor ou de produtos complementares, tais como: moda praia, calçados, *software*, moda íntima.

Esses consórcios, no Brasil, são regionais, o que facilita seu gerenciamento devido às grandes distâncias no país. São exemplos de regiões que desenvolvem consórcios de exportação: Novo Hamburgo, Nova Friburgo, Ubá, entre outros.

Ainda não existe, no Brasil, uma legislação específica sobre consórcio de exportação. Contudo, existe uma legislação que versa sobre o tema, e que tem servido de amparo legal para a constituição dos consórcios de exportação brasileiros (quadro 1).

Quadro 1

LEGISLAÇÃO QUE AMPARA A CONSTITUIÇÃO DE CONSÓRCIOS NO BRASIL

Legislação	Descrição formal
Lei Complementar nº 123/2006	Institui o Estatuto Nacional da Microempresa e Empresa de Pequeno Porte.
Decreto nº 3.113/1999	Regulamenta a Lei nº 9.531, de 10 de dezembro de 1997, que dispõe sobre o Fundo de Garantia para a Promoção da Competitividade (FGPC), e dá outras providências.
Lei nº 5.764/1971	Define a Política Nacional de Cooperativismo, institui o regime jurídico das sociedades cooperativas e dá outras providências.

No Brasil, os esforços para o crescimento das exportações oriundas dos consórcios de exportação não têm surtido o efeito esperado, e alguns fatores contribuem para essa constatação:

❑ recursos humanos inadequados e despreparados;

❑ questões culturais da sociedade brasileira, tais como: individualismo, incapacidade de formar alianças e sistema de cooperativismo incipiente;

❑ falta de visão de longo prazo, já que a atividade exportadora requer tempo para consolidação;

❑ ainda insuficiente esforço por parte dos governos federal e estaduais, das entidades de fomento e bancos regionais e de desenvolvimento.

Na Itália, pela própria característica de sua economia, existem mais de 300 consórcios de exportação, com 7 mil empresas associadas.

Ainda temos um longo caminho a percorrer, mas conhecer essa forma de entrada no mercado internacional é o primeiro passo para que você, leitor, possa, como consultor, ajudar na formação e desenvolvimento de um consórcio de exportação.

E-commerce

Na última década, o comércio eletrônico tem crescido a taxas exponenciais no mercado interno brasileiro, ao mesmo tempo que aprendemos também a comprar em sites no exterior e ter acesso a produtos de qualidade a preços acessíveis.

Temos observado diversas experiências de uma gama de empresas brasileiras de todos os portes, em setores como os de biojoias, artesanato, moda praia e bijuterias, que estabelecem um site de vendas e utilizam o Exporta Fácil, dos Correios do Brasil, para o envio dos produtos exportados.

O site deve ser desenvolvido por empresas especializadas, que tenham as facilidades de trânsito e compra e sejam atraentes. Links com as redes sociais acabam favorecendo a difusão da marca do site para exportação.

É interessante que a empresa brasileira que deseja usar o *e-commerce* como instrumento de venda e promoção de seus produtos para o mercado internacional analise a legislação do comércio eletrônico nos países-alvo, principalmente no que tange à devolução de produtos e pós-venda, se o produto requerer tais serviços. É recomendável também consultar a Associação Brasileira dos Provedores de Acesso, Serviços e Informações da Rede Internet (Abranet) e a Câmara Brasileira de Comércio Eletrônico.

Artesãos e microempresas, que não têm estrutura para exportar, podem se dirigir a uma unidade dos Correios em sua cidade e efetivar um contrato para utilização do Exporta Fácil.

Uma visita ao site dos Correios permite que você, leitor, veja o quão simples é o processo de exportação pelo Exporta Fácil. O exportador contrata os serviços dos Correios para que proceda ao desembaraço aduaneiro junto à Alfândega brasileira. Ou seja, o exportador não precisa se envolver com os aspectos burocráticos de uma exportação que, em geral, se tornam um entrave para uma microempresa ou pessoa física se engajar no comércio internacional.

A cada envio ao exterior, a empresa brasileira pode exportar até o limite de US$ 50 mil em mercadorias, que podem pesar de 10 kg a 30 kg, dependendo do país de destino, e uma cubagem máxima de 1 m^3, a critério dos Correios. Quanto às formas de recebimento do numerário do exterior, faz-se necessário que o exportador estabeleça um sistema de recebimento seguro, realizando convênios com as empresas administradoras de cartão de crédito, rede bancária nacional que opera em câmbio e financeiras que atuam na transferência de valores, como a Western Union, ou o Vale Postal Internacional, este gerenciado pelos Correios.

O exportador poderá usar também o PayPal, sistema de pagamento e recebimento internacional de pagamentos que cobra de 5,4% à 7% do valor a ser transferido, mas garante ao exportador o recebimento do valor da operação mesmo que o importador não faça o devido pagamento. O PayPal também garante ao importador o reembolso do valor da mercadoria devidamente paga, caso a mesma não seja entregue, desde que o envio da mercadoria tenha sido feito por *world couriers* conveniados, tais como os Correios do Brasil, DHL, UBS, Fedex etc. Empresas de pequeno porte têm se utilizado do *e-commerce* para colocar seus produtos no exterior. A Masterink, localizada em Maringá, no Paraná, exporta equipamentos para recarga de cartucho de impressão para 20 países, o que representa 30% de seu faturamento. O mesmo acontece com a empresa 100%

Amazônia, que exporta produtos da Amazônia, e com a Orthovia, que exporta o *mouse* ortopédico *orthomouse* para 40 países, o que corresponde a 80% do faturamento da empresa.

Agentes de compra

Grandes cadeias de lojas de departamentos e de varejo e cadeias de supermercados não podem conviver com a incerteza de receber seus pedidos no prazo definido ou fora das especificações. Imagine você, leitor, uma Macy's não receber seus pedidos de Natal a tempo de oferecer os produtos aos clientes.

Esses grandes importadores, para reduzir tal risco, mantêm agentes de compra nos países de origem dos produtos importados, principalmente nas regiões e polos produtores, como Gramado e Bento Gonçalves (indústria moveleira), Novo Hamburgo e Franca (calçados), Montevidéu (vestuário de couro e lã), regiões produtoras na China (manufaturados), León, no México (manufaturados). Os agentes de compra são pessoas físicas ou jurídicas que conhecem profundamente aquele segmento de negócios e têm grande influência sobre produtores para identificar, colocar os pedidos de importação e acompanhar todo o processo de produção e expedição para seus contratados no país de destino.

Observe que o agente de compras está no país do exportador, representando o importador. Ele não compra o produto; somente intermedeia a compra, e pode auxiliar na parte burocrática de exportação, desenvolver a coleção de produtos, garantir cotas, desenvolver o *procurement*, enfim, garantir que o produto seja entregue no prazo contratado e nas condições de qualidade e quantidade contratadas. O agente de compra, também denominado *buyer's agent*, poderá utilizar serviços terceirizados, por meio de empresas de supervisão e inspeção, tal como a SGS, ou utilizar seus funcionários no processo de inspeção da carga a ser despachada para seu cliente no exterior. Em geral, quando o importador (grandes cadeias de lojas de departamentos, redes de supermercados, entre outras) contrata os serviços e remunera o agente de compras, solicita, na carta de crédito ou outra forma de pagamento internacional, um certificado de inspeção de qualidade da mercadoria embarcada com destino ao importador.

O agente de compras é comissionado pelo importador por seus serviços. O importador poderá ou não arcar com custos de estadia, viagens e instalações necessárias para o bom desempenho do agente de compras, mas, em geral, o pagamento corresponde a um percentual do valor importado. É interessante para o produtor exportador, em regiões produtoras já mencionadas, desenvolver relacionamento com os agentes de compras locais.

Broker

O *broker* é um intermediário nos negócios internacionais, profundo conhecedor do segmento de produto que opera. Em uma tradução livre seria o "corretor de mercadorias". Em geral, é muito especializado em determinado segmento, por exemplo, soja, óleo cru de petróleo, algodão, minério, café. Você, leitor, pode notar nos exemplos anteriores que se trata de um intermediário em um segmento de *commodities*.

Normalmente, é configurado no conhecimento de um profissional que, por tradição familiar ou por conhecimento adquirido como executivo na área de vendas internacionais em uma grande empresa ou *trading company* especializada naquele segmento, pode assessorar o importador na aquisição de matérias-primas que, muitas vezes, são compradas no mercado futuro. Em geral, assessora a elaboração do contrato de compra e poderá ou não auxiliar na logística da exportação.

Sua remuneração é baseada em comissão, variando de 0,2% a 0,5% do valor transacionado; portanto, um percentual baixo, mas sobre valores muito altos, já que as importações de *commodities*, em geral, ocorrem em grandes volumes.

No quadro 2, você, leitor, poderá ser informado sobre as vantagens e desvantagens para o exportador ao utilizar as modalidades de exportação direta e indireta.

Quadro 2
CARACTERÍSTICAS DAS EXPORTAÇÕES DIRETAS E INDIRETAS

Modalidade	Característica	Vantagens para o exportador	Desvantagens para o exportador
Exportação direta	O próprio fabricante da mercadoria no Brasil vai vendê-la para o mercado externo.	❏ Maior conhecimento do mercado onde está atuando. ❏ Maior proximidade com os clientes finais. ❏ Fortalecimento da marca no mercado externo.	❏ Maiores custos para inserção do produto no exterior. ❏ Maiores dificuldades para encontrar os potenciais importadores. ❏ Maiores riscos para o fabricante.
Exportação indireta	O fabricante vende as mercadorias para outra empresa no Brasil (*trading company* ou comercial exportadora), que então fará a venda para o mercado externo.	❏ Menores custos para inserção do produto no mercado externo. ❏ Facilidades para encontrar potenciais importadores, devido à experiência do intermediador. ❏ O fabricante pode utilizar-se dos mesmos benefícios fiscais da exportação direta.	❏ Menor conhecimento do mercado onde o produto está sendo comercializado. ❏ Pouco ou nenhum contato com os consumidores finais. ❏ Em alguns casos, não há divulgação da marca do fabricante no mercado externo, dificultando possibilidades futuras de inserção da marca naquele mercado. ❏ Perda do controle do canal de distribuição, com risco de posicionamento estratégico inadequado da marca.

Neste primeiro capítulo, abordamos o processo de globalização que foi intensificado nas últimas décadas e o impacto nas empresas brasileiras. Vimos que houve um incremento na internacionalização de nossas empresas, porém, esse incremento foi pífio em comparação com outros países de condições semelhantes, que souberam, com maior competência, aproveitar as vantagens desse processo. Evidenciamos também, neste capítulo, os modos de entrada no mercado internacional, notadamente a exportação indireta e a direta, que são as etapas iniciais do processo.

No próximo capítulo, iremos abordar os modos mais complexos de entrada e atuação no comércio internacional e as estruturas organizacionais necessárias para sustentá-los.

Exercitando conceitos

Vamos desenvolver uma análise da capacidade de internacionalização de sua empresa. É importante que esses itens sejam analisados quando uma empresa pretende entrar no mercado internacional.

❏ Existe capacidade de produção para atender ao mercado interno e ao mercado externo, principalmente em momentos de aquecimento da demanda no mercado interno?

❏ Existem momentos de gargalo na produção para atender aos dois mercados?

❏ Quais são as principais causas que estão levando a direção de sua empresa a iniciar atividades no comércio internacional? A demanda para a empresa se internacionalizar nasceu na alta direção ou nos níveis gerenciais?

❏ Os executivos das diversas áreas estão sensibilizados sobre o processo de internacionalização da empresa? Concordam?

❏ Existem recursos humanos na empresa com experiência

em negócios internacionais? São suficientes em qualidade e quantidade para esse processo?
- Já houve uma análise das fraquezas e forças internas da empresa?
- No segmento em que sua empresa atua, a imagem das empresas brasileiras é positiva ou negativa? O Brasil tem vantagens competitivas no segmento de negócios em que sua empresa atua?
- Quem são seus concorrentes mundiais e no país-alvo? Quais são os pontos fortes e fracos dos três principais concorrentes no país-alvo?
- Sua empresa está disposta a fazer customizações no produto para atender a diferenças do perfil do cliente no mercado mundial? Os gestores da área de produção ou operações estão dispostos a mexer nas linhas de produção?
- Sua empresa já avaliou as barreiras técnicas e burocráticas que terá de enfrentar no mercado internacional, principalmente no país-alvo?
- Sua empresa tem recursos financeiros para financiar os custos com a entrada no mercado internacional?
- A direção da empresa está disposta a se associar a algum parceiro internacional ou no país-alvo?
- Em que fase do ciclo de vida está seu produto no padrão mundial? E no país-alvo?
- Os gestores da sua empresa já fizeram um levantamento das fontes de informação sobre o mercado internacional e, em particular, do país-alvo?
- O país-alvo apresenta vantagens fiscais para o exportador brasileiro, tais como redução e isenção de impostos devido a acordos? Sua empresa analisou o país-alvo levando em conta esse aspecto?
- Qual a estrutura que sua empresa deve montar para iniciar o processo de internacionalização?

- Quais as vantagens que os gestores avaliam que sejam estratégicas para sua empresa se inserir no mercado internacional?
- Sua empresa já registrou as marcas que serão usadas no mercado internacional? Já avaliou os países-alvo e a legislação para esse registro? Existem patentes e desenho industrial (*design*) para serem registrados nesses países?
- Sua empresa já analisou e definiu o modo de entrada: exportação indireta ou direta?
- Quais são as principais diferenças entre um representante e um importador distribuidor?
- Com qual desses dois intermediários a empresa mantém maior controle do canal de distribuição no país-alvo?
- Uma empresa pode operar em países-alvo diferentes com tipos de intermediários diferentes e controle das operações diferentes (por exemplo, em países-alvo que tenham um mercado potencial de pequeno porte, utilizando *trading companies* – exportação indireta –, pois não se justificam esforços e investimentos de entrada nesses mercados, e em países-alvo com grande potencial de crescimento utilizar representantes)?

Estudo de caso: internacionalização de uma marca brasileira de surfwear

No imaginário empresarial, internacionalização só é possível para grandes empresas. Vamos agora, leitor, conhecer o caso de uma empresa de médio porte que conseguiu internacionalizar sua marca.

A indústria do *surfwear* (calçados, confecções, artigos esportivos, acessórios de uso pessoal) é um dos setores que mais crescem no mundo.

A simples observação da quantidade de lojas nos shoppings centers das principais cidades do mundo (estejam ou não à beira-mar) explica o fenômeno, que começou nos anos 1980. A indústria do *surfwear* está intimamente ligada às marcas americanas que buscam inspiração no desejo do jovem de estar em contato com a natureza (o mar), praticando um esporte radical (o surfe), usufruindo da liberdade que não só ele, jovem, mas qualquer pessoa deseja viver.

De marcas locais (californianas, havaianas, australianas, sul- africanas) tornaram-se marcas globais: Quiksilver, Gotcha, Rusty, Oxbow, Ocean Pacific, Reef, Churchill, Rip Curl, Gul, O'Neil, Vans, Billabong, utilizando-se de toda a estratégia de produto e comunicação, tão comum às marcas globais em outros segmentos de negócios. Patrocínio de nomes famosos no surfe e no *bodyboard* por essas marcas ensejaram o espírito de jovens brasileiros, que, no fim dos anos 1970 e início dos anos 1980, de adolescentes e jovens surfistas, tornaram-se pequenos empresários, visionários da grande moda que iria acontecer no futuro.

A prática do surfe e do *bodyboard* fugiu à esfera de pequenos grupos de jovens – as tribos – para alcançar a grande maioria dos jovens, principalmente dos países com sinergia com o mar, sejam águas tórridas ou frias: EUA, Austrália, África do Sul, Brasil, Peru, Chile, Argentina, França, Portugal, Espanha, Japão e México.

O Brasil, um país tropical com lindas praias, não podia deixar de ser um fornecedor de atletas de primeiro nível para o *ranking* mundial. Tivemos diversos representantes masculinos e femininos *bodyboarders* que se tornaram campeões mundiais.

Campeonatos mundiais correm em etapas em diversos países, com prêmios compensadores, e são acompanhados por centenas de revistas especializadas do mundo inteiro.

Patrocínios das grandes marcas geram, para os atletas famosos, salários nada espartanos, jornais e redes de televisão dedicam espaços generosos ao surfe *e bodyboard*.

Um brasileiro com grande visão de negócios, dono de uma rede de lojas sofisticadas para mulheres jovens cariocas (Cantão) e de uma pequena fábrica de tênis vulcanizado na Baixada Fluminense, após constantes viagens à Califórnia e de sua vida junto aos jovens de classes média e alta da Zona Sul carioca, percebeu que o fenômeno do *surfwear* estava estourando nos EUA, Europa e Japão, e que já estava chegando ao Brasil, notadamente junto às classes mais abastadas do Rio de janeiro, São Paulo, Porto Alegre e Florianópolis.

Nos anos 1980, as revistas estrangeiras circulavam no país, levando a imagem de produtos como os tênis Vans e as nadadeiras Churchill (para a prática de *bodyboard*). Porém, o país, ainda fechado ao mundo, mantinha altas taxas do imposto de importação de tais produtos, tornando inviável sua compra maciça pelos adeptos desse esporte, restringindo, portanto, sua venda às classes de maior poder aquisitivo.

Ora, esse cenário permitiu a esse empresário visionário, com pouco investimento, lançar uma marca nacional de *surfwear*, com nome evidentemente em inglês, lançando produtos fabricados no Brasil.

Abriu-se assim, em 1985, a primeira loja da Redley no Rio de Janeiro. Na pequena fábrica em Duque de Caxias, começaram a desenvolver produtos para concorrer com os importados, como o tênis vulcanizado Vans e a nadadeira Churchill, que naquela época chegavam muito caros às mãos do consumidor brasileiro devido aos altos impostos sobre produtos importados.

O cuidado e a dedicação com o desenvolvimento dos produtos foi tão grande que as cópias ficaram melhores que os originais, na qualidade e no *design*. Em poucos anos, já eram sucesso no Rio de Janeiro e em todas as cidades brasileiras com sinergia com o mar.

Outras começavam parecidas suas atividades em outras partes do Brasil, como a marca Mormaii, que deu início à fabricação, em Garopaba, Santa Catarina, de uma das melhores roupas de neoprene para prática de esportes em água fria, tornando-se uma marca global no segmento.

A fábrica da Redley passou, em 1990, a ser de médio porte, pois já possuía aproximadamente mil funcionários em três turnos ininterruptos, produzindo 150 mil pares de calçados, entre o tênis Redley e a sandália Kenner, outro sucesso de produto e marca.

A cadeia de lojas Redley chegaria, alguns anos depois, a 30 lojas pelo Brasil, sendo somente cinco lojas pelo sistema de franquias, e o restante, lojas próprias, além das centenas de lojas *surfwear* multimarcas, que vendiam os produtos Redley.

A cadeia de lojas de roupas para mulheres com a marca Cantão (onde todo o grupo começou) mantinha 33 lojas espalhadas pelo Rio e pelo restante do país, com igual sucesso.

Crescimento vertiginoso, com capital de terceiros (bancos e fornecedores), aliado a diversos planos econômicos e juros altos faziam com que o grupo, apesar do sucesso de marketing dos seus produtos e marcas, estivesse sempre com problemas financeiros, dificultando sua expansão para fora de nossas fronteiras.

Em 1990, o governo Collor apregoava a abertura comercial do país, fato este que traria as grandes marcas mundiais para o mercado brasileiro. Mais uma vez nosso empresário percebeu uma ameaça e uma oportunidade: ou internacionalizava sua marca ou as grandes marcas globais a destruiriam em nosso próprio mercado.

A Redley tinha, nesse momento, duas linhas de produtos de própria fabricação: calçados (tênis e sandálias) e nadadeiras para a prática do *bodyboard*, as famosas Redleyfins.

No Brasil, a linha de tênis era o carro-chefe da fábrica, com 70% do faturamento, ficando as sandálias com 25%, e os 5% restantes para as vendas de nadadeiras.

O mercado brasileiro de nadadeiras era relativamente pequeno (15 mil pares/ano), pelo fato de atender basicamente ao nicho de profissionais ou amadores mais exigentes. Era considerada a nadadeira que conferia a melhor performance ao atleta e o produto mais caro do mercado, igualando-se quase ao produto importado Churchill. Existem dezenas de marcas de nadadeiras, porém direcionadas para amadores e a preços mais baratos do que o modelo da Redley. Mas a qualidade e a performance da nadadeira Redley conferiam credibilidade à marca junto aos líderes de opinião e, consequentemente, aos consumidores em geral. Por se tratar de um nicho de mercado, era mais fácil e demandava menos investimentos obter crescentes parcelas do *market share* mundial desse produto. Os demais produtos da empresa, tênis e sandálias, já eram considerados num mercado mais concorrencial em nível internacional.

O segmento de tênis era outro mercado. No Brasil, o grupo tinha o canal de distribuição próprio (33 lojas localizadas nos melhores shoppings das cidades) e lojas multimarcas. As barreiras tarifárias permitiam manter preços confortáveis do produto, repassando as deficiências e as incompetências da produção.

O mercado consumidor brasileiro de tênis representava, em menor escala, o que acontecia no mercado mundial: a predominância das grandes marcas globais: Nike, Reebok, Adidas, Puma, L.A Gear, entre outras. Essas marcas contavam com distribuição intensiva apoiada por uma comunicação de massa, patrocinando esportes de massa, como basquetebol, voleibol, futebol e outras práticas esportivas crescentes da população jovem em geral: *aerobics*, *jogging*, *walking*, *running*.

Essas marcas trabalhavam com outro produto: o tênis "cimentado" ou "injetado", resultado de constantes investimentos em tecnologia de materiais cada vez mais leves e resistentes e no sempre inovador *design*. O processo de produção desse tipo de tênis requer maiores investimentos em máquinas e equipamentos e utilização de uma escala menor de mão de obra.

O tênis da Redley, que tinha como parâmetro de *design* e tecnologia o tênis Vans americano, era do tipo "vulcanizado", que requeria menos investimentos em tecnologia e *design* e maior utilização de mão de obra. A comunicação com o mercado se dava, no Brasil, de forma diferenciada dos produtos da linha das grandes marcas, pois a Redley não tinha como investir em comunicação de massa, bem como a produção era limitada. Havia também sérias limitações de caráter financeiro para qualquer expansão industrial para atender a maiores mercados.

A comunicação se dava por meio do canal do *surfwear*, utilizando a sinergia da marca Redley, com o patrocínio de atletas do *surf* e do *bodyboard*, campanhas em revistas especializadas, como *Fluir*, e o canal de distribuição próprio.

Agora que você, leitor, já conhece o mercado brasileiro onde a Redley atuava e o momento em que a diretoria decidiu internacionalizar as atividades do grupo, decida o modo de entrada no mercado internacional.

Os executivos da Redley tinham de trabalhar com as seguintes limitações e condições que acabaram influenciando as decisões que tomaram:

❑ a fábrica estava fora dos grandes centros de fornecimento de matéria-prima e mão de obra especializada. O gerenciamento logístico ocasiona inexoravelmente um custo de fabricação muito alto, tornando o produto final com preço acima do padrão mundial. O custo de produção de um par de tênis Redley era de US$ 8, enquanto um produto similar, de origem coreana ou chinesa, tinha o preço FOB de US$ 5;

❑ o grupo sofria fortes restrições financeiras devido ao alto endividamento. Os sócios não queriam abrir mão do controle do grupo e, portanto, não admitiam novos sócios capitalizados ou abertura do capital em bolsa, fato pouco comum naquela época para empresas de tal porte;

❑ tendo em vista a limitação da capacidade de produção, procurava-se manter no Brasil uma estratégia de demanda reprimida, que permitia trabalhar com melhores margens de lucro;

❑ a demanda no Brasil era sazonal, concentrando-se particularmente no verão. Em países de clima mais ameno ou frio, a demanda era extremamente sazonal, com picos de venda no verão e praticamente nulas no inverno e outono;

❑ o gerenciamento da sazonalidade no Brasil era extremamente complexo, tendo-se de demitir 1/3 dos empregados em épocas de menor demanda e empregá-los na época de pico das vendas;

❑ um dos motivos da decisão da internacionalização do grupo foi manter pedidos constantes durante todo o ano, quando é inverno no hemisfério sul e verão no hemisfério norte. Aliás, essa é uma das vantagens da exportação: minimizar o efeito sazonalidade no mercado interno;

❑ os produtos são de qualidade internacional;

❑ os compradores dos produtos da Redley no mundo seriam as lojas de *surfwear* multimarcas espalhadas em cada país-alvo, normalmente em cidades e locais com sinergia com o surfe e o *bodyboard*.

Agora você responda:

1. Devemos procurar vender no exterior os produtos com marca própria Redley, ou simplesmente vender produtos com marcas de terceiros (*private label*)?

2. Qual seria a estratégia a ser adotada no caso escolhido e o que o levou a proceder assim?

3. Que recursos materiais, humanos, tecnológicos e financeiros seriam necessários para implementar esse plano?
4. Qual seria o melhor modo de entrada no mercado internacional: exportação indireta ou direta, representante ou importador distribuidor?

(Estudo de caso elaborado pelo prof. Miguel Ferreira Lima. Cessão dos direitos do autor no Registro da Biblioteca Nacional, §1º, art. 53, da Lei nº 5.988, de 14 de dezembro de 1973.)

Nos próximos capítulos deste livro, você, leitor, irá também exercitar conceitos definindo a estratégia de produto, preço, comunicação e distribuição dos produtos com a marca Redley no mercado mundial, inclusive definindo os mercados potenciais e prioritários.

2

Estratégias e estruturas organizacionais mais complexas de internacionalização

No capítulo anterior, apresentamos as formas de entrada no mercado internacional que, em geral, as empresas utilizam no início de seu processo de internacionalização. Neste capítulo iremos estudar as formas mais complexas de internacionalização, que requerem um maior envolvimento e comprometimento da empresa.

O processo de internacionalização, como já buscamos evidenciar, é um processo incremental, apesar de, obrigatoriamente, as empresas não terem de cumprir todas as etapas, sendo possível "dar saltos" nesse processo.

Uma empresa pode decidir iniciar seu processo de internacionalização diretamente, abrindo uma filial comercial em um país-alvo, em vez de começar por meio de um representante ou importador distribuidor. Caso optassem por um intermediário incapaz de executar o processo de entrada de forma coerente, empresas em segmentos de alta tecnologia, por exemplo, poderiam levar a marca a uma imagem problemática na "cabeça" dos clientes locais, ocasionando grandes perdas financeiras ou de imagem, difíceis de reverter no futuro.

Algumas formas de entrada no mercado ou evolução desse processo requerem um envolvimento maior entre o exportador e empresas locais no país-alvo, estruturas de negócio mais complexas e uma decisão de intensificar o processo de internacionalização.

Existem diversas dessas formas complexas; contudo, vamos abordar, neste capítulo, as que são mais comumente utilizadas pelas empresas brasileiras nessa segunda década do século XXI.

Subsidiária de vendas ou filial comercial

Como você, leitor, pôde verificar quando comentamos sobre o representante ou agente de vendas (terceirização de vendas) e o importador distribuidor, essas formas de entrada são, em geral, as iniciais em um país-alvo quando uma empresa decide implementar seu processo de internacionalização. Esses intermediários conhecem bem o mercado local e são responsáveis pelo custo fixo de suas operações.

Contudo, esses intermediários, que, inicialmente, têm um papel preponderante no sucesso da entrada do exportador naquele país-alvo, poderão, com o passar do tempo, se tornar um empecilho ou um dificultador do processo de consolidação do exportador naquele mercado. A seguir, elencamos problemas que poderão surgir com a utilização de representante ou importador distribuidor:

- ❏ conflitos de canal, ou seja, o intermediário tem interesses divergentes do exportador, como: política de preços e utilização de canais de distribuição divergentes das pretendidas pelo exportador;
- ❏ atuação limitada em todo o território nacional do país-alvo, dificultando a expansão geográfica do mercado para o exportador;

- política de retorno de produto por parte do varejo e estabelecida pelo exportador que os intermediários não cumprem, devido aos custos e capacidade de recursos humanos necessários;
- práticas desleais e anticontratuais, como: intermediação de produtos concorrentes que sejam remunerados de forma mais interessante para o intermediário;
- estratégias de posicionamento da marca e do produto de forma divergente da estratégia delineada pelo exportador;
- incapacidade logística ou financeira de cumprir o pós-venda necessário para a manutenção da imagem positiva da marca do exportador naquele país-alvo.

Nesses casos, é o momento de a direção da empresa decidir investir na abertura de uma subsidiária de vendas ou filial comercial, pois, com uma estrutura própria, há garantia de que a estratégia do exportador naquele mercado será executada coerentemente.

A decisão de abertura de uma subsidiária de vendas ou filial comercial requer investimentos em um imobilizado, o que gerará custos fixos que, no mercado internacional, são altos, tais como: salários de expatriados e custos de manutenção de sua família, aluguel de imóveis e equipamentos, salários de funcionários, impostos locais, entre outros. Em geral, no momento da decisão da abertura de uma estrutura própria em um país-alvo, o volume de exportações não justifica esses custos fixos. É um embate entre o gestor da área internacional, o gestor financeiro da empresa e os acionistas. O gestor da área internacional deve, portanto, preparar um plano de negócio que mostre claramente os pontos negativos para a manutenção dos intermediários naquele país-alvo e os pontos positivos da abertura da estrutura própria, mas evidenciando, principalmente, o potencial de mercado em médio e longo prazos.

Se o país-alvo não tiver esse potencial, não haverá justificativa plausível para os acionistas quanto ao investimento a ser realizado.

Produtos que requeiram pós-venda como diferencial da marca, tais como máquinas, equipamentos, eletrônicos, carros, motos, colheitadeiras, ônibus, caminhões, equipamentos médico-hospitalares de última geração e softwares, e produtos e marcas que requeiram posicionamento estratégico *premium* ou de grife necessitam de subsidiárias de vendas ou filiais comerciais nos países-alvo para que tenham sucesso em sua estratégia de internacionalização se os canais iniciais de entrada, ou seja, representantes ou importadores distribuidores, não se alinharem com essa estratégia.

A empresa exportadora poderá: exportar direto para sua subsidiária no país-alvo – que fará as vendas no mercado local para os distribuidores, atacadistas, varejo ou grandes cadeias de lojas de departamento e supermercados – ou exportar direto para os clientes, tendo a subsidiária de vendas ou filial comercial o papel de realizar as vendas para esses clientes e desempenhar todas as ações de marketing local, ou exercer apenas uma dessas funções. A empresa poderá também manter os distribuidores locais ou regionais no país-alvo, e sua subsidiária controlar o desempenho desses intermediários, bem como todas as ações de marketing local.

Em 2007, a Alpargatas já exportava as sandálias Havaianas para 80 países. Porém, em mercados de grande visibilidade, como Europa e EUA, havia a necessidade de controle mais eficiente dos canais de distribuição e das ações de marketing para manter o posicionamento da marca. A decisão da Alpargatas foi investir US$ 150 milhões em cada mercado (Europa e EUA) em cinco anos, abrindo uma subsidiária de vendas em Nova York e outra em Madri. A meta era fazer com que, em cinco anos, 30% do negócio da Alpargatas fossem provenientes do mercado externo, criando uma marca global e desenvolvendo executivos com visão global de negócios e processos globais de *sourcing*.

Tramontina e Weg Motores são outras empresas *benchmark* que, em um momento da sua história de internacionalização, tiveram de tomar a decisão estratégica de abrir subsidiárias de vendas em países-alvo importantes, como os EUA, para poder prestar um serviço de pós-venda eficiente (Weg Motores) e um atendimento *on time* à rede varejista (Tramontina).

Licenciamento (licensing)

O licenciamento é a concessão de forma contratual que um licenciador (proprietário de uma patente ou marca) permite ser utilizada comercialmente por um licenciado (quem adquire o direito) no mesmo país ou em outro país-alvo, mediante o recebimento de *royalties*. Na área de marketing internacional, seria a exploração comercial da tecnologia ou marca em outro país-alvo.

O Brasil quase não tem marcas globais fortes e não é historicamente um desenvolvedor de tecnologia, com raras exceções, e, portanto, não temos muitos casos de licenciamento de marcas e tecnologia no exterior. Somos, sim, um grande licenciado de marcas e tecnologias. A Alpargatas é licenciada no Brasil da Timberland e da Mizuno. Passe a observar, a partir de agora, nos rótulos de diversos remédios produzidos no Brasil, a seguinte inscrição: produzido no Brasil pelo Laboratório X, licenciado pelo Laboratório suíço Y. São exemplos de importação de licenças de marca e de tecnologia.

Um bom exemplo de licenciamento de marca brasileira no exterior é a Maurício Produções, com a Turma da Mônica, que está presente em diversos produtos em mais de uma dezena de países.

As empresas brasileiras precisam desenvolver marcas fortes no exterior, para que haja interesse de empresas em explorar comercialmente essas marcas em seus países.

A licença de marca deve ser instrumentalizada por um contrato de licenciamento que permita à empresa brasileira licenciadora controlar o mercado no país licenciado. A seguir, apresentamos pontos que devem estar bem-definidos nesse contrato:

- quais os produtos e qual o nível de qualidade que poderão utilizar a marca;
- como será auditada a execução do contrato;
- garantias de não utilização de mão de obra escrava ou infantil e de matérias-primas não ecologicamente corretas na produção pelo licenciado;
- grau de cobertura geográfica da licença;
- validade, obrigações e deveres de licenciado e licenciador.

Contrato de manufatura (contract manufacturing)

É a terceirização da produção em outro país, com mão de obra mais barata, matérias-primas mais acessíveis, menores impostos e custos de energia, sindicatos menos atuantes e próximos dos países-alvo dos seus produtos.

As zonas litorâneas na China, Vietnã, norte do México, polos produtores, como Franca e Vale dos Sinos, são locais de empresas que realizam *contract manufacturing*.

Muitas empresas brasileiras transferiram sua produção para a China e o Vietnã, onde fazem também o desenvolvimento dos seus produtos. Foi a forma encontrada para concorrerem com os produtos chineses em alguns segmentos.

Conforme os custos de produção vão gradativamente encarecendo no Brasil, faz-se necessário que as empresas brasileiras desenvolvam, no território nacional, a parte nobre e de maior valor agregado, como o *design* e o desenvolvimento da marca, e terceirizem a produção em locais típicos de *contract manufacturing*, com vistas à obtenção de custos compatíveis com a concorrência mundial.

Há mais de duas décadas, empresas como Nike, Reebook, Adidas, Lacoste, entre outras marcas *fashion*, produzem, por meio do *contract manufacturing*, na China, Vietnã, Brasil, Bolívia e Peru. Algumas empresas deixaram de possuir suas fábricas e terceirizam 100% de sua produção.

Montagem (assembly)

Em geral, a legislação aduaneira dos países privilegia a importação de partes e componentes de um produto, incidindo alíquotas de impostos menores do que se a mercadoria fosse importada já totalmente montada.

Além disso, em alguns países, a mão de obra é mais barata do que no país produtor e exportador do produto acabado e montado.

Por tais razões, em muitas situações, é mais eficiente para um parceiro no país-alvo adquirir produtos em partes (*completely knock down* ou CKD) e montá-los no seu país. A empresa exportadora poderá, também, ter uma estrutura própria de montagem dos produtos importados em partes e montá-los para vender no mercado interno daquele país-alvo.

Essa é uma fase anterior à produção total do bem em outro país, seja por meio do *contract manufacturing*, como você, leitor, pôde ver no item anterior, ou da abertura de uma fábrica da empresa no país-alvo.

Indústrias de carros, ônibus, motocicletas, caminhões e máquinas e equipamentos utilizam-se dessa estratégia de internacionalização.

As zonas francas, as empresas "maquiladoras" no norte do México, com foco na exportação para os EUA usufruindo do Nafta, e as zonas de processamento de exportação em partes do litoral chinês são exemplos das áreas de *assembly*.

Franchising

O Brasil é considerado o terceiro maior mercado de *franchising* no mundo e, hoje, 80% das franquias no país são de origem brasileira.

A internacionalização das redes de franquias brasileiras, no entanto, está ainda em sua fase inicial, e sua participação no exterior em relação ao mercado interno é relativamente baixa.

A maior rede de franquias no Brasil, O Boticário, cujo caso pode ser analisado por você, leitor, no capítulo 4, tem 3.520 lojas no Brasil. O Boticário também é a maior franquia brasileira no exterior, estando presente com 70 lojas em países como: Portugal, EUA, Angola, Japão, Paraguai, Venezuela, Arábia Saudita e Espanha, ou seja, somente 2% do seu negócio estão no exterior.

Se analisarmos pelo índice de internacionalização do *ranking* das empresas mais internacionalizadas de 2012, da Fundação Dom Cabral, que leva em conta o número de unidades, receita proveniente de *royalties* e vendas de produtos no exterior em relação a essas mesmas variáveis no mercado interno, a rede de franquias mais internacionalizada é a Via Uno.

Na última década, vimos um crescimento das redes de franquias brasileiras no exterior. Todavia, ainda temos um grande caminho pela frente para que possamos internacionalizar nossas redes de franquias nos mesmos padrões das grandes redes de franquias norte-americanas e europeias.

Temos, como causas principais desse foco no mercado interno:

- grande mercado interno brasileiro;
- falta de recursos humanos com visão de negócios internacionais no segmento;
- altos custos para entrada no mercado internacional, com adaptação do portfólio de produtos, confecção de materiais promocionais e de ponto de venda (PDV);
- legislação diferenciada sobre *franchising* nos diversos países, o que dificulta a confecção de contratos padronizados;
- falta de financiamento por parte de bancos brasileiros para entrada no mercado internacional;
- falta de marcas brasileiras fortes no mercado mundial.

A Associação Brasileira de Franchising (ABF) patrocina anualmente a ABF *Franchising* Expo, em São Paulo, que já é considerada a segunda maior no mundo no segmento, e tem uma assessoria para internacionalização de franquias brasileiras.

Alguns exemplos de outras redes brasileiras internacionalizadas: Arezzo, Artefacto, Osklen, Spoleto, Rosa Chá, Livraria Nobel, Carmen Stephens.

Joint venture

No direito anglo-saxônico, o termo *joint venture* nasceu com a conotação de aventura conjunta em atividades marítimas para auferir lucros no comércio ultramarino de exportação e importação.

Segundo Ghersi (1998:63):

> Contrato de *joint venture* é aquele pelo qual um conjunto de sujeitos de direito, nacionais ou internacionais, realizam aportes das mais variadas espécies, que não implicam a perda da identidade e individualidade como pessoa jurídica ou empresa, para realização de um negócio em comum, podendo ser este desde

a criação de bens até prestação de serviços, que se desenvolverá por um lapso de tempo limitado, com a finalidade de obtenção de benefícios econômicos financeiros, ou simplesmente valorização patrimonial.

Joint venture é uma forma de entrada em determinado país-alvo ou no mercado internacional reduzindo custos e riscos, uma vez que cada empresa participante divide, com as demais, vantagens competitivas de que ela dispõe para a exploração de um negócio, recebendo, das parceiras, outras vantagens de que as demais empresas dispõem e que ela não teria como obter de outra forma e com custos menores do que por meio da *joint venture*.

A legislação dos países é muito diversa no que tange à criação de uma *joint venture*. Recomendamos que haja um estudo pormenorizado da legislação de cada país-alvo no qual se deseja a entrada por meio de uma *joint venture*.

Em geral, existem diversos tipos de *joint venture*:

❑ no que tange à nacionalidade dos participantes (*co-ventures*): nacionais (participantes são da mesma nacionalidade) ou internacionais (participantes têm nacionalidades distintas);

❑ no que tange à participação financeira dos participantes (*co-ventures*): *equity joint venture* (existe a associação de capitais) *ou non equity joint venture* (não existe a associação de capitais);

❑ no que tange à constituição jurídica: *corporate joint venture* (cria-se uma nova pessoa jurídica) ou *non corporate joint venture* (não se institui uma nova pessoa jurídica);

❑ no que tange à temporalidade: transitórias e as permanentes.

Imagine que sua empresa tenha uma tecnologia de ponta em certo segmento de negócio e que você, leitor, deseje entrar minimizando custos e riscos em determinado país-alvo. Você poderia licenciar uma empresa local para utilizar sua tecnologia e lhe pagar *royalties* em função dessa permissão do uso da tecnologia. Contudo, seu interesse estratégico seria conhecer o mercado local e futuramente se instalar naquele país. A empresa, que domina o mercado, tem interesse em utilizar sua tecnologia, porém seria interessante, estrategicamente, que você propusesse uma *non corporate joint venture* que lhe permitisse explorar o mercado conjuntamente com a empresa local, enviando seus colaboradores para estar diariamente nas operações comerciais, conhecendo o perfil do cliente local e as particularidades do mercado.

Existem países nos quais a legislação nacional impõe ao novo entrante estrangeiro a realização de uma *joint venture* com um parceiro local, para que haja absorção de tecnologia por parte da empresa local. A China, até uma década atrás, impunha tal condição para novos entrantes no mercado. Em alguns setores considerados estratégicos pelo governo chinês, essa condição se mantém atual. A Embraer, em 2002, fez uma *joint venture* com a AVIC II, fabricante de aviões da China, para montagem dos ERJ 145, que lhe permitiu receber a encomenda de 100 pedidos, 50 ERJ 145, a serem montados na China, e 50 Embraer 190, a serem exportados do Brasil.

Na década de 1980, a JVC, fabricante japonesa sem grande expressividade no mundo, detinha a tecnologia VHS para fabricação de videocassetes de qualidade inferior à qualidade da tecnologia Betamax que a Sony detinha, e era líder nesse segmento no mundo. A Sony tinha o interesse de entrar no mercado mundial sem fazer parcerias, até porque detinha a melhor tecnologia e uma forte marca mundial.

A estratégia da JVC para entrada no mercado mundial e para se tornar líder foi fazer *non corporate joint venture*, em que ela fornecia a tecnologia e ajudava tecnicamente o parceiro local nas instalações de produção, mediante a utilização da marca do parceiro local, fazendo um *co-brand* (duas marcas, dando aval uma à outra) e tornando, assim, a marca JVC conhecida em nível mundial. Ganhos para a JVC: pegou carona em marcas fortes localmente, como a Philips na Europa e a Gradiente no Brasil; reduziu seu custo de entrada no mercado mundial aliando-se a marcas fortes locais; permitiu, com essas parcerias, que sua tecnologia se tornasse líder no mercado mundial.

Em 2001, a Sadia e a Perdigão, duas empresas brasileiras, criaram, por meio de uma *joint venture*, a BRF Trading para exportar carne suína e de aves para países emergentes, parceria que anos mais à frente veio a ser desfeita. Observe que são duas empresas brasileiras para entrar em terceiros mercados, ganhando escala logística e otimização dos custos de entrada nos países-alvo.

Segundo Minervini (2008:177), os motivos para criar uma *joint venture* são:

❑ neutralização da concorrência ou, pelo menos, redução de seu "poder de fogo";

❑ redução dos custos de produção (pois se associando, talvez se otimizem as instalações existentes);

❑ acesso aos canais de distribuição do parceiro;

❑ imagem associada à imagem do parceiro;

❑ maior capacidade de explorar mais mercados;

❑ maior poder contratual;

❑ redução do impacto negativo da legislação local sobre investimentos estrangeiros. Por exemplo, há países em que, em setores estratégicos (como energia, transporte e telecomunicações), as autoridades locais dificultam – ou proíbem – o acesso de empresas estrangeiras; associando-se a uma empresa local, talvez seja possível contornar a barreira legislativa;

❑ complementação técnica, comercial ou financeira;

❑ economia de escala;

❑ acesso rápido à tecnologia.

As empresas brasileiras deveriam ter a formação de *joint ventures* como opção estratégica de entrada no mercado internacional ou em alguns países-alvo, capturando vantagens competitivas que os parceiros locais ou internacionais podem oferecer.

Subsidiária de produção ou de operações

O ápice do processo de internacionalização de uma empresa é a abertura ou aquisição de uma subsidiária de produção ou operações no exterior, também chamado de investimento direto no exterior (IDE).

Nos últimos 10 anos, observamos um crescimento dessa forma de internacionalização, principalmente em função da taxa cambial favorável à compra de ativos no exterior e a uma política de financiamento, por parte do BNDES, para aquisições de ativos no exterior por empresas brasileiras em setores considerados estratégicos e sinérgicos com a potencialidade do país. No início de 2013, o BNDES reviu essa política, reduzindo esse apoio.

Em 2012, a JBS-Friboi foi considerada a empresa mais internacionalizada do Brasil, pelo índice de transnacionalidade do *ranking* das empresas transnacionais brasileiras da Fundação Dom Cabral. Grande parte desse alto grau de transnacionalidade (receitas, funcionários e ativos no exterior em relação às mesmas variáveis no mercado interno brasileiro) da JBS-Friboi foi motivada pelo rápido e vigoroso processo de aquisição no exterior, feito por essa empresa, em grande parte com recursos do BNDES. Aliás, a JBS-Friboi vem liderando esse *ranking* desde 2010.

A Gerdau, que já foi considerada, nesse mesmo *ranking*, a empresa mais internacionalizada em 2009, devido à crise norte-americana perdeu essa posição em 2010. No *ranking* de 2012, acabou ficando em segundo lugar no índice de transnacionalidade.

A Vale, presente em 38 países, é considerada a empresa brasileira com atuação em um número maior de países.

Em geral, a abertura ou compra de ativos no exterior é uma etapa posterior à exportação indireta e direta. Ela pode ser realizada por meio da aquisição, ou seja, da compra de uma empresa no exterior ou através da abertura de um novo negócio, chamado de *greenfield*.

Harzing (2002 apud Rocha e Almeida, 2006:15) detalha as características dessas duas formas de investimento direto no exterior:

> Organizações multinacionais que seguem uma estratégia multidoméstica tendem a realizar mais aquisições, enquanto as empresas que seguem estratégias globais tendem a realizar mais investimentos tipo *greenfield*. As aquisições parecem, ainda, ser preferidas por companhias com alto grau de diversificação de produtos e maior experiência internacional. Já os investimentos *greenfield* são a opção quando a intensidade de P&D é elevada e quando o destino dos investimentos são países percebidos como muito diferentes culturalmente do país de origem da empresa.

Existem formas como a subsidiária no exterior pode ser criada:

❑ subsidiária de montagem, que recebe componentes enviados pelo exportador. Comum no setor de automóveis e motocicletas. Se essa unidade fosse de terceiros, seria uma assemblagem (*assembly*), já explicada anteriormente;

❑ subsidiária de produção, que irá adquirir os componentes no mercado interno ou no mercado internacional, mas tem o ciclo completo de produção;

❑ *joint venture* com alguma empresa local, podendo ser classificada como uma subsidiária resultante de uma *joint venture*;

- um banco brasileiro que compra um banco no exterior (aquisição);
- uma mineradora brasileira (por exemplo, a Vale) que compra uma mineradora local, como a Inco Limited, no Canadá;
- uma empresa de tecnologia da informação, como a Stefanini, que pode adquirir uma empresa no exterior ou abrir uma nova empresa naquele país-alvo.

Segundo Minervini (2008:174), existem vários motivos para uma empresa realizar um investimento direto no exterior:

- Entrar maciçamente em um mercado com alta potencialidade, como, por exemplo, fabricação de carros na China.
- Procurar superar barreiras não tarifárias, proibições às importações ou o pagamento de impostos elevados, como na Índia, por exemplo.
- Produzir com custos mais reduzidos, contando com mão de obra, matéria-prima e custos de transportes mais baratos, como, por exemplo, produzir componentes de calçados no México.

Outro aspecto importante na decisão da empresa sobre realizar investimento direto no exterior é a capacidade de disponibilizar executivos e profissionais com visão internacional de negócios e de gerir pessoas, em ambientes multiculturais, que possam ser expatriadas. Pela incipiente e recente experiência das empresas brasileiras no exterior, existe no país pouca disponibilidade desses profissionais, em quantidade e qualidade, para gerir esse tipo de negócios. Grandes empresas brasileiras que adquiriram ou abriram empresas no exterior tiveram sérios problemas por não saber customizar os modelos de gestão e de relacionamento com os *stakeholders* no país-alvo, sendo objeto de retaliações de sindicatos e órgãos públicos.

Outro desafio para as empresas que atingem esse estágio superior no processo de internacionalização é definir a estrutura e gestão organizacional mais apropriada no mercado externo. Segundo Bartlett e Ghoshal (1992:47),

> a possibilidade que uma companhia tem de criar e administrar os novos recursos estratégicos depende dos atributos organizacionais existentes – a configuração de seus bens e recursos, edificados ao longo de décadas, a distribuição das responsabilidades e influência administrativas, que não pode sofrer alterações repentinas, um conjunto progressivo de relacionamentos de longa duração depois da mudança estrutural.

A cultura do país de origem da empresa, a cadeia de negócios em que a empresa está inserida, os valores inerentes à empresa e a temporalidade do seu processo de internacionalização acabam delineando um modelo organizacional mais apropriado para uma empresa com uma estrutura mais complexa de internacionalização.

Existem diversas metodologias para enquadrar as empresas no que tange à sua estrutura e gestão internacional. Acreditamos que os estudos desenvolvidos por Bartlett e Ghoshall – analisando o histórico do processo de internacionalização de diversas grandes empresas com atuação global e necessidade de adequação dessas estruturas e estratégias às mudanças nas forças do ambiente regulatório, tecnológico, econômico, demográfico e político mundial – têm contribuído de forma inequívoca para que estudiosos e gestores possam pensar nas decisões que essas mudanças do ambiente impõem às empresas.

Segundo esses autores, o ambiente externo impõe mudanças nas empresas que estão, contudo, ancoradas em um ambiente interno, em uma "herança administrativa", termo utilizado por eles para designar "a configuração dos ativos nela existentes, sua tradicional distribuição de responsabilidade, suas normas históricas, valores e estilo de gestão" (Bartlett e Ghoshall, 1992:41).

Essa "herança administrativa" pode ajudar ou dificultar as mudanças necessárias para a empresa se adequar ao novo ambiente externo que lhe é imposto.

Para agravar a situação, essas mudanças do ambiente externo (tecnológico, econômico, político, regulatório, entre outros) são cada vez mais rápidas e profundas, impondo às empresas a capacidade de mudar com extrema rapidez.

A seguir, você, leitor, poderá acompanhar conosco os modelos de organização e gestão internacional e identificar o modelo que as empresas perseguem no mundo globalizado, no qual o cliente padrão global deseja um produto de qualidade global customizado para o mercado local, preços globais e comunicação local.

Modelo multinacional

As primeiras empresas que começaram a sair de seus mercados domésticos para o mundo no início do século XX foram empresas norte-americanas e europeias, que encontraram um ambiente mundial no qual os países eram fechados e protecionistas, as comunicações eram locais e nacionais, quando muito, e as demandas de produto e marcas eram para atender aos aspectos socioculturais locais. As empresas descentralizavam seus recursos organizacionais para melhor atender a esses mercados nacionais.

Durante as duas grandes guerras mundiais, as subsidiárias se tornaram ainda mais afastadas das suas empresas-mães, intensificando a descentralização das decisões e recursos. Em alguns casos, as empresas-mães estavam focadas no esforço de guerra no seu país de origem, não podendo direcionar recursos para suas unidades no exterior, e as dificuldades de comunicação eram imensas. Em cada país, sua subsidiária criava produtos e marcas locais.

As subsidiárias acabaram desenvolvendo capacidades para capturar as oportunidades locais e serem sensíveis às diferenças culturais em cada país. Porém, não havia sinergia com a matriz e demais unidades no mundo, levando à perda de eficiência global. As empresas europeias se enquadravam bem nesse modelo organizacional. Esse modelo é chamado de multinacional, e acabou virando sinônimo de empresas com atuação em diversos países. Alguns autores chamam esse modelo organizacional de multidoméstico.

O modelo multinacional oferece aos gestores as competências-chave em segmentos de negócios tais como higiene pessoal e alimentos, nos quais é vital, para o sucesso do processo de internacionalização, conhecer o gosto e tradições locais em cada país-alvo e se comunicar de forma a se mostrar próximo do cliente local. A principal competência-chave do modelo multinacional é a receptividade local. Segundo Bartlett e Ghoshal (1992:8), "o sabor das comidas e os hábitos alimentares foram considerados, durante muito tempo, o vínculo mais cultural de todos os comportamentos consumistas".

Nestlé e Unilever são exemplos clássicos de empresas multinacionais. Ao entrarem nos diversos países do mundo, elas desenvolveram marcas e produtos locais, com foco no cliente local.

Modelo global

Em alguns segmentos de produtos, os clientes, em cada país-alvo, abrem mão das suas diferenças idiossincráticas para ter acesso a produtos com qualidade e preços globais. Esses segmentos notadamente são os de produtos de tecnologia e eletrônicos.

A famosa e questionada convergência das preferências e necessidades dos consumidores em todo o mundo, propalada por Teodore Levitt, encontra nesses produtos seu exemplo mais significativo, ou seja, os consumidores no mundo aceitam um produto global a um custo menor.

A indústria de produtos de tecnologia e eletrônicos pode capturar as vantagens da eficiência da escala de produção e dos fatores de custos. As empresas, para serem eficientes nessa indústria, tiveram de configurar sua estrutura organizacional e estratégias de forma centralizada. As subsidiárias no mundo são meras repetidoras e não desenvolvem produtos locais. A pesquisa é centralizada na matriz, bem como a gestão global. As subsidiárias estão localizadas, de preferência, em locais de mão de obra barata e com subsídios governamentais.

As marcas e produtos são globais. O foco é ter escala global não se importando com as diferenças locais.

A centralização do conhecimento permite grande eficiência na gestão de inovações, criando novos produtos e processos com custos relativamente menores, diferentemente do modelo multinacional, no qual esse processo se perdia nos esforços em cada subsidiária.

As empresas japonesas, em seu processo de internacionalização nos anos 1970, e as empresas norte-coreanas, durante os anos 1990, são exemplos clássicos desse modelo de internacionalização (Matsushita e Panasonic, por exemplo).

Observe que a cultura organizacional das empresas orientais (herança administrativa) favorece as competências-chave nesse segmento de negócio.

Modelo internacional

As mudanças tecnológicas e organizacionais, como robotização, automatização, teleinformática e telemática, *downsizing* e reengenharia, introduzidas a partir dos anos 1980, permitiram que empresas pudessem relativizar o conceito de economia de escala, que havia permitido àquelas que tinham adotado o modelo global oferecer produtos com menores preços e qualidade padronizada em nível global.

A estratégia e a estrutura organizacional nesse modelo são desenhadas para capturar as vantagens competitivas das subsidiárias no mundo, como o desenvolvimento de pesquisas, a um custo menor do que na matriz. Principalmente a robotização e a automatização permitem a quebra do conceito de economia de escala como competência-chave e tornam a economia de escopo um diferencial de negócios, pois, nesse modelo, a empresa-mãe cria a inovação e as unidades no mundo customizam para os países-alvo, sem que o custo de produção inviabilize o mercado. As empresas multinacionais passaram a perseguir mudanças, em sua estrutura, nos anos 1980, que permitissem a adoção desse modelo, mas esbarraram em sua cultura arraigada de descentralização.

As empresas norte-americanas foram as que tiveram mais sucesso na tentativa de mudanças para esse modelo, em razão da capacidade de descentralização gerencial da cultura empresarial norte-americana. A Xerox, nos anos 1980 e 1990, foi um exemplo clássico de empresa que conseguiu adotar esse modelo.

O modelo internacional era mais descentralizado do que o modelo global, porém mais centralizado do que o modelo multinacional. A competência-chave desse modelo é explorar conhecimento e recursos da empresa-mãe através da difusão e adaptação mundiais, segundo Bartlett e Ghoshal (1992).

As empresas com operações em nível mundial que tinham começado a mudar sua cultura organizacional para atender às novas demandas do mundo nos anos 1980 perceberam o delineamento de novas forças estruturais com o processo de abertura dos mercados, que iriam demandar novas estruturas organizacionais e estratégias, já a partir do primeiro quartil dos anos 1990.

Modelo transnacional

Nos anos 1990, quando o processo de globalização se intensificou com a abertura e desregulamentação dos mercados globais, o cliente global, que se personificava em cada mercado local, exigia um produto com qualidade e preço globais e customização para suas necessidades locais. Ao mesmo tempo, a concorrência deixou de ser local para ser global, e a capacidade de inovar com maior rapidez passou a ser uma competência-chave para as empresas sobreviverem no mercado global. Os ciclos de vida dos produtos passaram a ser reduzidos, em busca de uma escalada feroz para sair na frente em cada ciclo tecnológico.

Esse novo mercado impunha competências-chave de cada modelo organizacional anterior: receptividade nacional, do modelo multinacional; preços e qualidade em nível global, do modelo global; e inovação, do modelo internacional. Nenhum dos modelos anteriores permitia que as empresas atendessem a essas demandas simultaneamente.

O novo modelo deveria permitir centralizar ou descentralizar as decisões, tornando-as seletivas. A principal competência-chave passou a ser eficiência. Os gestores passaram a se perguntar diuturnamente: onde mais é eficiente produzir cada parte do meu produto? Onde é mais eficiente montar, pesquisar e desenvolver novos produtos, capturando o que cada subsidiária no mundo pode mais eficientemente agregar valor? Onde é mais eficiente ter o *call center* (por exemplo, o centro da IBM em Hortolândia-SP é um dos três centros de suporte dessa empresa no mundo. Capacidade técnica e baixo custo foram os fatores que influenciaram a IBM a colocar um dos seus centros de suporte no Brasil)? A contabilidade poderia ser terceirizada em alguma empresa na Índia? E o questionamento-ápice do modelo: onde é mais eficiente ter a sede da empresa? Lembre-se de que pessoas físicas e empresas saíram da França, em 2012, devido à pressão de impostos.

Neste capítulo, mostramos as formas mais complexas de internacionalização. São poucos os exemplos de empresas, no universo empresarial brasileiro, que já alcançaram essa etapa. Gostaríamos que você, leitor, avaliasse as oportunidades de negócios e emprego de qualidade que as empresas brasileiras poderiam gerar nesse processo avançado de internacionalização. Conhecimento, capacitação e experiência de negócios internacionais são as palavras-chave para que você, leitor, faça parte desse ambiente de oportunidades.

No capítulo seguinte, iremos mostrar as fontes de informações sobre comércio internacional, disponíveis no Brasil e em nível internacional. Para planejar sua entrada no mercado internacional ou a intensificação de suas atividades internacionais, é vital que a empresa tenha informação.

Exercitando conceitos

1. Em que momento do processo de internacionalização de uma empresa devem os gestores decidir abrir uma subsidiária de vendas em determinado país-alvo? Quais seriam os motivos que levariam os gestores a tomar essa decisão que levará a empresa ao aporte e à imobilização de grande capital financeiro e humano?
2. A cultura organizacional pode facilitar ou dificultar a mudança da empresa para o modelo transnacional. Quais seriam os fatores facilitadores e dificultadores dessa mudança?
3. Quais são as principais preocupações que um gestor deve ter ao firmar uma *joint venture* com uma empresa local em um país-alvo?
4. Quais são os principais entraves para o *franchising* brasileiro ter uma presença maior no mercado internacional?

Estudo de caso: O Boticário – diversificação do modelo de distribuição como forma de agregação de valor à marca

Maior rede de franquias em perfumaria e cosméticos do mundo, o grupo O Boticário foi fundado em Curitiba, em 1977, e opera, hoje, com mais de 3.200 lojas da marca em todo o Brasil, divididas entre cerca de 900 franqueados. O processo de internacionalização da empresa se iniciou em 1986, com a abertura da primeira loja em Portugal, e hoje o grupo já conta com aproximadamente 70 lojas e 400 pontos de venda multimarcas neste e em outros sete países: Estados Unidos, Angola, Japão, Paraguai, Venezuela, Arábia Saudita e Espanha.

Os mais de 30 anos de existência garantiram que o modelo de gestão dos canais de distribuição do grupo O Boticário se tornasse um de seus diferenciais competitivos. No Brasil, a empresa desenvolveu um bem-sucedido modelo de franquias, em que as decisões relativas ao composto de marketing – como políticas de precificação, ciclos de promoção de vendas, definição de localização do ponto de venda e do portfólio de produtos a ser oferecido ao cliente – são tomadas pela matriz e repassadas aos franqueados, garantindo, assim, o posicionamento da marca construído pelo grupo ao longo dos anos. A decisão pela internacionalização surgiu nos anos 1980 como uma das estratégias de crescimento da empresa e, também, como resposta às demandas de diversos estrangeiros que vinham ao Brasil e se encantavam com o conceito da marca.

Segundo o sr. Daniel Knopfholz, diretor internacional de O Boticário, em entrevista a nós concedida em 16 de agosto de 2012,

o fato de ser uma empresa de cosméticos brasileira leva junto atributos que sempre foram valorizados no mundo da beleza: alegria de viver, convívio entre o natural e o urbano, qualidade de produto e a beleza natural da mulher brasileira. Isso tudo, somado a uma marca forte e com produtos com qualidade e tecnologia, com embalagens atrativas e com *design*, garante a atratividade do produto no mercado externo.

No exterior, o grupo opera com dois modelos de negócio: investimento próprio, em que a matriz brasileira assume o controle da operação de distribuição no país-alvo, e parceiros locais, em que se estabelece um máster distribuidor para controlar as operações naquele mercado. Para definir o modelo mais adequado a cada mercado, o grupo O Boticário leva em consideração aspectos como burocracia e marco regulatório do país, idioma, proximidade cultural e transparência das instituições.

Outro aspecto importante na definição do modelo de negócio são as margens de lucro esperadas para aquele mercado. Quanto menor a margem, maior será a tendência de a matriz assumir o controle da operação para garantir a lucratividade das vendas. Atualmente, a empresa opera com investimento próprio na Europa, em que o grau de dificuldade para fazer negócios é mais baixo, as margens de lucro são menores e o nível de concorrência bastante elevado. A operação com parceiros locais é utilizada em mercados como Angola, Venezuela e Japão, que, ainda de acordo com o sr. Daniel Knopfholz, são mercados nos quais

> a direção do O Boticário entendeu que entrando nesses países sozinhos, a operação demoraria mais para chegar à estabilidade e maturidade, quer seja por uma cultura diferente da nossa, ou pelas barreiras diretas e indiretas para negócios com empresas estrangeiras.

Após a definição do modelo de negócio em um mercado externo, o grupo O Boticário passa à definição do modelo de canal de distribuição, que pode ser por meio do estabelecimento de lojas monomarca, como no Brasil, ou pela distribuição em pontos de venda não exclusivos em lojas multimarcas. A preferência do grupo é sempre pelo estabelecimento de lojas monomarca, pois, ainda que exija maior investimento inicial, é o modelo que melhor integra a proposta de valor de O Boticário. Em alguns casos, no entanto, é necessário haver adaptação ao modelo de consumo de cada país. O grupo pode optar, então, pelo modelo de distribuição em lojas de departamentos, o que, em um primeiro momento, exige menor investimento e potencializa o conhecimento que o parceiro local tem do mercado. Com relação a esse modelo, o sr. Daniel Knopfholz afirma, na entrevista a nós concedida, que em alguns projetos aceitaram a entrada por esse canal, porém somente se é um modelo tradicional no país-alvo, e sempre com a preocupação de transmitir a proposta de valor de "O Boticário".

Mesmo nos mercados em que o hábito de consumo aponta pela concentração de vendas em lojas multimarcas, O Boticário também pode operar com lojas próprias monomarca. Tal estratégia tem o objetivo de fortalecer o posicionamento da marca no mercado e complementar os esforços de marketing realizados nas cadeias de lojas de departamentos. Em outro exemplo de complementação de esforços de promoção e venda, a empresa utiliza uma plataforma de *e-commerce* para atender a todo o mercado europeu, a partir da operação em Portugal.

A definição do modelo de negócio (próprio ou com parceiros) e do modelo de distribuição (monomarca, multimarcas ou *e-commerce*) vai depender da combinação dos fatores inerentes ao marketing mix, conforme visto nos parágrafos anteriores. Após mais de duas décadas operando diferentes modelos de distribuição em mercados dos cinco continentes, O Boticário já acumula alguns importantes aprendizados. O sr. Daniel Knopfholz destacou, na entrevista, a necessidade de criar uma estratégia de longo prazo que suporte a oferta de valor construída pela empresa e que passe pelo "conhecimento do mercado, do cliente, adaptação de produto, adaptação de linguagem e comunicação, entre outras coisas". É importante também conhecer as diferenças culturais e estar muito próximo do mercado para compreender a melhor forma de se comunicar com o cliente final, adaptando, assim, a estratégia de distribuição da empresa para uma efetiva aproximação com o público e correto posicionamento da marca.

Estudo de caso: internacionalização de uma marca brasileira de surfwear

Agora que você, leitor, conheceu as estruturas organizacionais e estratégias de gestão mais complexas, poderá responder aos seguintes questionamentos sobre o caso da internacionalização da marca Redley, que iniciamos no primeiro capítulo.

1. Quais são seus pontos fortes e fracos: financeiros, mercadológicos, produção e gerenciamento da empresa em nível nacional e internacional?

2. Que modificações serão necessárias no produto, na fábrica e no gerenciamento para o sucesso da estratégia de internacionalização da Redley?

3. No começo dos anos 1990 não era comum a terceirização de produção em outros países (*contract manufacturing*). A Nike tinha iniciado, nos anos 1980, um aprendizado de terceirização de produção na China. A fábrica da Redley estava situada em Duque de Caxias, com um alto custo de produção. Transferir produção para o Nordeste brasileiro ou para a China era algo impensável para empresas de médio porte naquele momento. Hoje, qual seria sua decisão como gestor da empresa? Transferir a fábrica para algum local no Brasil

ou no mundo com menores custos de fabricação? Fechar a empresa e terceirizar o produto (*contract manufacturing*) e focar no gerenciamento da marca, inovação e relacionamento com o cliente?

3

Fontes de informações no comércio internacional

Buscamos, neste capítulo, apresentar alguns aspectos centrais das informações e de suas principais fontes, e demonstrar o papel crescente das informações comerciais internacionais e suas fontes para a realização de negócios no exterior. Disponibilizamos, ao final deste capítulo, um caso para discussão que busca reforçar os pontos centrais do texto e que poderá levar você, leitor, a uma reflexão mais profunda sobre os temas aqui tratados.

O comércio internacional apresenta-se caracterizado pelo crescente processo de globalização de mercados, pelo dinamismo das comunicações, da internet e pelas facilidades para a realização de viagens transcontinentais. Nesse cenário, os produtos e serviços estão se tornando cada vez mais parecidos em todo o mundo, apesar de adaptados aos gostos e exigências locais de um país ou mercado em particular.

O processo de avanços na tecnologia da informação (TI) transformou o mundo em um lugar menor, onde o acesso às informações é instantâneo e disponível a um contingente crescente de habitantes do planeta. Os dados e as informações estão ao alcance de um clique no mouse, e nos parece que há sempre muito por ser descoberto. Podemos dizer que hoje a informação está ao alcance de todos em tempo real e a custo cada vez mais baixo.

O papel da informação

Desde a queda do muro de Berlim, em 1989, e com as ações para a abertura da economia chinesa, a partir da mesma década, percebeu-se o surgimento de um novo fenômeno: o socialismo de mercado. Conforme as abordagens de Chung (2005), Kynge (2007) e Shukla (2010), as premissas básicas desse sistema são a garantia de liberdade para os agentes econômicos e investidores locais e internacionais, mas com a manutenção de um controle centralizado por parte do aparelho do Estado chinês.

Outro resultado da ascensão de um mundo globalizado é que os estilos de vida estão se tornando, em muitos países, cada vez mais assemelhados, especialmente entre os integrantes de classe média. Esses novos cidadãos globais possuem valores de classe semelhantes, adoram viajar, cultuam a gastronomia, em especial as mais exóticas, bebem vinhos e estudam sobre eles bem como, em sua maioria, comunicam-se em inglês, o idioma da globalização.

Com o surgimento de uma classe média com alguns hábitos compartilhados em nível global, observa-se também que, no nível de indivíduos, há o desejo de pertencer e manter os aspectos próprios de suas culturas nacionais, conforme confirmado por Siegel (2012). E esse aparente paradoxo torna-se cada vez mais visível em nível mundial.

Há uma intensificação da concorrência e da irreversibilidade de processos de internacionalização de empresas brasileiras e estrangeiras. No Brasil, mesmo as empresas focadas no mercado doméstico não estão livres da ação de concorrentes vindas do exterior.

Para empresas e organizações, entender um ambiente externo e sua crescente complexidade, monitorá-lo, antecipar-se a movimentos competitivos de concorrentes e direcionar o negócio no exterior, buscando atingir resultados econômicos, passou a ser crítico para a sobrevivência no presente e a continuidade da empresa ao longo do tempo.

Para uma empresa atingir seus objetivos em nível internacional, é essencial aos profissionais de marketing lidar rotineiramente com a leitura e a síntese de um grande número de dados e informações para a formação de conhecimento novo.

Rainer Jr. e Cegielski (2012:8) definem os dados como "uma descrição de coisas elementares, eventos, atividades e transações que são gravadas, classificadas e armazenadas, mas não são organizadas para transmitir um significado específico".

Dados são, por exemplo, números constantes de uma tabela, fotos de pontos de venda, imagens de logomarcas ou mesmo sons gravados em palestras ou reuniões de trabalho. Todos esses dados são importantes, mas podem não transmitir um significado específico.

A informação se posiciona, para os profissionais de marketing, hierarquicamente acima dos dados. Para Rainer Jr. e Cegielski (2012:8), a "informação se refere aos dados que tenham sido organizados e que têm significado e um valor para o destinatário". As vendas médias, obtidas em determinado mercado no exterior, são um dado, mas a análise de suas variações por tipo de produto ou área de vendas é uma informação.

Segundo esses mesmos autores, o "conhecimento consiste no dado e/ou informação que tenha sido organizada e processada para transmitir entendimento, experiência acumulada e perícia, os quais são aplicados a um problema de negócios atual" (Rainer Jr. e Cegielski, 2012:8).

O conhecimento acumulado é importante para tomar decisões de negócios e ampliar a competitividade da empresa em mercados no exterior. Por exemplo, uma produtora de toalhas verificou que, em determinado mercado-alvo, os consumidores jovens preferem tons em amarelo e verde, e que estes vendem 70% mais que outras tonalidades. Com base nesse conhecimento, a empresa decidiu lançar uma coleção nesses tons predominantes para o próximo verão, a qual terá uma unidade visual ligada aos consumidores mais jovens.

Quando pensamos em fontes de informação no comércio internacional, forma-se, em nossas mentes, a metáfora de coletar uma concha de água do oceano. Como os negócios internacionais que são realizados nos cinco continentes, também os oceanos banham todo o globo. Os dados e informações comerciais internacionais podem ser, por sua quantidade e volume, comparados à água do oceano.

Nessa metáfora, o oceano é a grande fonte, e interessa aos profissionais de marketing internacional coletar uma concha de água que dê sentido a suas necessidades e ações; aquela pequena porção que assume significados e, ao ser retirada do todo, colabora para as decisões necessárias para alcançar objetivos de negócio em nível internacional.

Diferentemente do que ocorre em países com menor população e mercado interno, tais como a Suécia e o Chile, as empresas brasileiras estão voltadas, em geral, para o mercado doméstico nacional. As empresas suecas e chilenas têm forçosamente a necessidade de se projetar para o mercado externo devido ao pequeno mercado interno nesses países.

A Suécia possui pouco mais de 9 milhões de habitantes, e a população chilena está em torno de 17 milhões. Nessas realidades, se uma empresa desejar crescer terá, necessariamente, de buscar negócios além-fronteiras nacionais, pois não existe um contingente grande de consumidores ou clientes disponíveis internamente.

A realidade brasileira apresenta-se diversa da sueca e da chilena. Empresas brasileiras, em sua maioria, com seus interesses comerciais direcionados para o grande mercado doméstico nacional, não desenvolveram o preparo adequado para atuar no mercado externo.

O mercado interno brasileiro guarda, para as empresas aqui instaladas, algumas óbvias vantagens frente ao mercado internacional. Entre elas, destacamos a língua portuguesa, a qual facilita a comunicação falada e escrita, a elaboração de embalagens e manuais de instruções utilizáveis em todo o país.

Outros aspectos relevantes são o tamanho da população do país, que é de, aproximadamente, 192 milhões de habitantes (IBGE, 2010), a ascensão recente dos integrantes da classe D à classe C e o aumento do consumo de bens e serviços pelas famílias.

Uma empresa brasileira, ao buscar a atuação em nível internacional, deverá levar em conta a potencial atratividade do mercado interno, e os objetivos para tanto devem estar muito claros para os decisores. Uma das formas de melhorar o processo de tomada de decisão é, nesse particular, a utilização de informações comerciais internacionais.

Informações básicas para atuar no comércio internacional

Para que se atue em nível internacional a informação é, conforme tratado por Fuld (2007), uma arma, e os que não souberem utilizá-la poderão ser vítimas de si mesmos. Entendemos que a posição de vítima de si mesma é uma das mais desconfortáveis posições que uma empresa poderá ocupar. A tecnologia atual permite a disponibilização online e em série de informações, as quais possibilitam a construção de um olhar analítico sobre o ambiente de comércio internacional.

Esse olhar crítico ajuda a construir e a manter atualizados cenários, a formular estratégias e a acompanhar e entender os fatores críticos de sucesso. As informações coletadas devem ser analisadas, validadas e disponibilizadas em uma base de dados. Recomenda-se que o acesso seja restrito por senhas dentro do nível hierárquico de decisão de cada profissional.

Essa base de dados também poderá ser acessada por pessoas externas à empresa, como as ligadas a entidades associativas empresariais ou empresas parceiras. Isso será possível desde que se preserve o sigilo de aspectos que possam criar obstáculos aos objetivos da empresa, e que seus dirigentes entendam como importante a existência desses laços externos.

Relacionamos, a seguir, um conjunto de informações que entendemos ser essencial para apoiar os processos de decisão no mercado internacional:

- ❑ dados e estatísticas sobre a evolução do setor no país-alvo e no mundo;
- ❑ aspectos de comercialização e de mercado;
- ❑ cadastro de entidades empresariais vinculadas ao setor;
- ❑ cadastro setorial de especialistas, consultores e empresas de consultoria;
- ❑ cadastro de fornecedores de matérias-primas e insumos para os setores de atuação da empresa;
- ❑ informações sobre empresas concorrentes (*benchmarking*);
- ❑ artigos e textos sobre tendências de mercado;
- ❑ normas técnicas e regulamentos que afetem os produtos e serviços e sua comercialização em mercados-alvo no exterior;
- ❑ acompanhamento de cotações e/ou de preços médios praticados do produto/serviço;
- ❑ inovações tecnológicas e de *design*;
- ❑ informações sobre potenciais representantes e agentes comerciais internacionais;
- ❑ levantamento de pontos de venda nos mercados-alvo;
- ❑ práticas comerciais de concorrentes em mercados de interesse no exterior;

- calendário de feiras e eventos setoriais no Brasil e no exterior;
- programação de cursos, congressos, seminários, palestras e outros eventos relevantes;
- notícias relevantes para o negócio e para o setor de atuação, vinculadas no Brasil e no exterior, sobre empresas de setor e seus produtos e serviços;
- cadastro de centros tecnológicos vinculados ao setor;
- oportunidades de negócios;
- *links* de internet e outras informações consideradas relevantes para o desenvolvimento de negócios no exterior.

A coleta de dados e informações pode ter como base fontes de dados primários ou fontes de dados secundários. Uma fonte de dados primários é aquela voltada para o alcance de um objetivo particular de pesquisa e é interna à empresa:

- entrevistas e pesquisas de campo;
- bases de dados desenvolvidas especialmente para a empresa;
- diagnósticos setoriais, territoriais e empresariais elaborados de forma customizada;
- visitas a clientes, feiras e outros eventos de negócios;
- outras fontes preparadas para atender objetivos específicos de pesquisa.

As fontes de dados secundários são, por sua vez, obtidas com terceiros, empresas de consultoria, governos, entidades empresariais, organismos internacionais ou outras fontes externas. Esses dados secundários, em sua maioria, não foram concebidos para suprir objetivos particulares de pesquisa de uma empresa, mas ajudam os profissionais de marketing internacional na ampliação do seu escopo de pesquisa e análise:

- dados e informações oficiais de governos, no Brasil e no exterior;

- associações de classe, organizações não governamentais (ONGs) e entidades empresariais;
- dados e informações obtidos de concorrentes ou outras de empresas participantes do setor, fornecedores, clientes ou potenciais clientes;
- organismos de fomento e de desenvolvimento, brasileiros e estrangeiros;
- diagnósticos setoriais, territoriais e empresariais elaborados por terceiros;
- bancos de dados disponibilizados no mercado;
- teses, dissertações, monografias, periódicos e publicações especializadas.

Recomendamos aos profissionais de comércio exterior foco em seus objetivos de pesquisa quando da busca de dados e informações, pois, num primeiro momento, tudo pode parecer importante. Nesse mesmo sentido, Cateora, Gilly e Graham (2013:221) afirmam que "a diferença básica entre a pesquisa de marketing doméstico e a estrangeira é que a pesquisa no estrangeiro exige um escopo mais amplo, necessário em virtude do alto grau de incerteza".

Profissionais de comércio exterior podem ser entendidos como especialistas em diversos mercados domésticos. Com o processo de "achatamento" do mundo (*flat world*), na abordagem desenvolvida por Friedman (2005), o marketing passou a ser central na atuação no exterior. A própria noção de fronteira entre países, em muitos casos, torna-se mais uma questão jurídica do que uma questão física e real.

Empresas que atuam em nível internacional evoluem ao longo do tempo, dependendo de suas experiências e objetivos de atuação. Ocorre, na maioria dos casos, uma curva de aprendizado, na qual a empresa, com o passar dos anos, adquire conhecimentos e a habilidade para entender as vantagens e desvantagens de produzir e/ou realizar atividades de marketing além-fronteiras nacionais.

A busca de fontes de informações para direcionar as ações no exterior acompanha a evolução da empresa e da função de marketing em nível internacional. Para Cateora, Gilly e Graham (2013:20), "o consenso entre pesquisadores e autores dessa área propõe três abordagens relativamente distintas para a tomada de decisão estratégica nas empresas envolvidas com mercados internacionais". Os dados e informações são a principal matéria-prima para essas decisões e podem ser entendidos como acontecendo em três esferas distintas: marketing exterior regular, marketing multidoméstico ou internacional e marketing global.

Não há, na realidade empírica, a necessidade de uma empresa passar de uma etapa a outra. Entendemos, e a realidade empresarial nos dá mostras disso, que é possível queimar etapas e mesmo dar saltos, seja por meio de investimentos ou pela contratação de profissionais com maiores conhecimentos dos meandros do marketing internacional.

O entendimento desses estágios de evolução permite planejar e antever prováveis movimentos dos competidores no mercado internacional ou no mercado interno brasileiro. A informação comercial internacional é uma ferramenta a ser utilizada em cada etapa da evolução do marketing em nível internacional e a matéria-prima que alimenta os decisores na árdua missão de buscar oportunidades e minimizar os efeitos de ameaças externas.

Muitas empresas focam, inicialmente, o mercado do seu próprio país antes de buscar atuar em países estrangeiros e desenvolvem o chamado "marketing doméstico". No caso brasileiro, para exemplificar, há diversas facilidades relacionadas a: língua, cultura, existência de leis federais comuns e legislações estaduais semelhantes, integração logística e hábitos de consumo que se aproximam bastante, em todo o território nacional. Essa é tipicamente uma orientação etnocêntrica.

Segundo Cateora, Gilly e Graham (2013:16), "o etnocentrismo [...] é a ideia de que as pessoas pertencentes a uma empresa, cultura ou país sabem melhor como fazer as coisas". O etnocentrismo contamina o processo decisório de empresas brasileiras. O tamanho e as facilidades de atuar no mercado interno brasileiro têm sido inibidores da internacionalização de empresas brasileiras.

Recomendamos às empresas atuantes somente no marketing doméstico que monitorem constantemente sua atuação de mercado, contratem e capacitem seus profissionais de marketing e não imaginem o mercado interno como algo isolado de influências e movimentos competitivos de empresas estrangeiras.

Marketing exterior regular

Empresas que atingem o marketing exterior regular direcionam parte de sua produção de mercadorias ou serviços para operações internacionais. Nesse estágio, a exportação passa a ser um caminho natural às estreitezas ou limitações de se atuar em um só mercado, e a orientação policêntrica amplia a visão de ameaças e oportunidades de mercados.

A internet assume um papel central na busca por dados e informações, especialmente os ligados às regras e normas de comércio em países-alvo, relatórios de setores de atuação e oportunidades comerciais, dados estatísticos da relação comercial do Brasil com o mercado a ser atingido e outros considerados relevantes pelos decisores da empresa.

Para se conhecer em detalhes as necessidades e particularidades de países-alvo, as atividades de promoção demandam atenção particular. As feiras são importante fonte de informação sobre mercados, concorrentes e fornecedores em potencial.

A participação como expositor ou visitante em feiras internacionais é um investimento e há que se otimizar seu retorno. Os critérios para a escolha de uma feira devem levar em conta a existência de eventos paralelos e/ou complementares que possam ocorrer simultaneamente ou próximos à realização da mesma. Em muitos casos, os próprios organizadores promovem eventos e a apresentação de temas relevantes para o setor foco do evento. Isso cria a oportunidade de ampliação da rede de relacionamento e a troca de experiências com integrantes de canais de distribuição ou profissionais de referência para um determinado setor.

Recomendam-se alguns preparativos quando da participação em feiras internacionais na qualidade de visitante:

- estabelecer os objetivos de participação na feira. Formular objetivos tão claros que o êxito possa ser medido;
- identificar o público-alvo. Solicitar o perfil dos participantes, bem como do público participante nas versões anteriores;
- estabelecer os instrumentos de avaliação de resultados, caso a empresa não possua uma avaliação padrão (vendas, número de contatos, número de novos clientes conquistados);
- verificar as regulamentações e a necessidade de vistos de entrada no país de destino;
- selecionar ou desenvolver material promocional, *folders*, catálogos e cartões de visitas, bem como atualizar o site da empresa na internet, prevendo futuros contatos a partir da feira;
- contatar previamente clientes e potenciais clientes e/ou fornecedores e informar que fará uma visita aos mesmos durante a feira;
- elaborar um calendário de atividades/reuniões durante a feira e incluir a previsão de tempo para encontros/visitas surgidas a partir do evento promocional;
- identificar eventos paralelos e complementares que possam ocorrer simultaneamente ou próximos à realização da feira;

❏ montar um cronograma e orçamento detalhado;
❏ selecionar e/ou capacitar o pessoal participante.

Num segundo momento, a empresa poderá sentir necessidade de participação em determinadas feiras na qualidade de expositora. Nessa condição, além das providências mencionadas anteriormente para os visitantes, são centrais as seguintes ações:

❏ identificar o tamanho do *stand* mais adequado a sua empresa e objetivos pretendidos no evento;
❏ negociar com os organizadores os investimentos na feira, por exemplo, aluguel de espaço, montagem e decoração de *stand*;
❏ verificar as regulamentações para remessa de amostras e entrada temporária de máquinas e equipamentos, vistos, documentação básica no país e documentação básica no exterior;
❏ preparar e remeter amostras, quando for o caso;
❏ contatar previamente clientes e potenciais clientes e convidá-los para uma visita ao *stand* da empresa durante a feira.

Você, leitor, encontrará maiores informações de eventos internacionais nos sites do Departamento de Promoção Comercial e Investimentos (DPR) do Ministério das Relações Exteriores (MRE) e da Agência Brasileira de Promoção de Exportações e Investimentos (Apex-Brasil).

O advento do Mercado Comum do Sul (Mercosul) abriu possibilidades, a muitas empresas brasileiras, de atuar nos mercados dos países integrantes do bloco: Argentina, Paraguai, Uruguai e, mais recentemente, Venezuela.

Como os produtos brasileiros são bem-aceitos nos países do Mercosul, não necessitando de grandes modificações, para muitas empresas exportar é uma atividade de extensão do mercado doméstico brasileiro, mas ainda dentro de uma ótica etnocêntrica. As indústrias brasileiras nos setores automobilístico e da linha branca de eletrodomésticos souberam aproveitar as vantagens advindas do Mercosul, tais como isenção dos impostos e não estipulação de cotas de exportação, e se colocaram de forma representativa nesses países.

O que leva uma empresa a se inserir de forma mais consistente no mercado internacional é uma sequência de pequenas vitórias, as quais, somadas, podem motivar seus dirigentes e conduzir a atividades mais regulares no campo internacional. Para direcionar a busca de dados e informações, Gomes e Braga (2004:47) entendem que algumas perguntas devem ser formuladas pelos profissionais de comércio exterior e pela alta direção da empresa:

- ❑ Quais decisões precisam ser tomadas?
- ❑ O que vocês precisam saber?
- ❑ O que vocês já sabem?
- ❑ Por que vocês precisam saber disso?
- ❑ Quanto vocês precisam saber disso?
- ❑ Quando vocês precisaram saber disso?
- ❑ O que farão com a inteligência gerada, uma vez obtida?
- ❑ Quanto custará obtê-la?
- ❑ Quanto poderia custar não obtê-la?

Do ponto de vista informacional, a atuação internacional traz consigo riscos. Pode ocorrer aparecimento de "czares" da informação, conforme demonstrado por Starec, Gomes e Chaves (2005), pessoas que são verdadeiros arquivos ambulantes e se utilizam desses conhecimentos como recurso de poder em suas relações dentro da empresa.

As consequências mais previsíveis da atuação de um "czar" da informação é a concentração do poder de decisão, a não exposição às críticas e novas visões e a reprodução de caminhos entendidos como adequados no passado. Como foi citado, o mercado internacional é dinâmico e deve servir de fonte de aprendizado para profissionais de marketing, e as experiências e vitórias anteriores, em si, não garantirão o sucesso presente ou futuro.

Barreto (apud Starec, 2012:13) reforça os argumentos anteriores sobre o poder da informação e os controles sendo direcionados por interesses particulares de indivíduos: "O produtor de informação tem condições de manipular a disponibilidade e o acesso à informação".

Durante as atividades de comércio exterior, devido à nova dimensão ampliada de seus negócios, muitas empresas podem sentir necessidade de estruturar um sistema de informação de marketing (SIM) para atender às suas ações no mercado internacional. O objetivo básico de um SIM, na área internacional, tal como no mercado doméstico, é suprir os tomadores de decisão com informações analisadas e contextualizadas, as quais se transformam em inteligência.

Entendemos que um SIM deve desenvolver um conjunto de ações, como:

- ❏ fazer ativamente a coleta, o tratamento e a disseminação de dados e informações de interesse da empresa;
- ❏ levantar bases de dados, no Brasil e no exterior, as quais tenham relevância para os negócios da empresa em seus países-alvo;
- ❏ analisar qual a origem e a credibilidade de dados e informações a serem tratados pelo SIM;
- ❏ contratar ou desenvolver estudos de cenários atuais ou tendenciais;
- ❏ identificar oportunidades de negócios no exterior;
- ❏ levantar a existência de canais de distribuição alternativos, os quais, em muitas situações, minimizam a influência da escala de preço em nível internacional;
- ❏ desenvolver ou contatar, junto a terceiros, estudos e pesquisas de países-alvo no exterior;

- [ ] acompanhar as principais tendências nos mercados de atuação e nos produtos/serviços comercializados, no Brasil e no exterior;
- [ ] tornar acionáveis as informações sobre mercados de interesse da empresa, atuais, novos e potenciais;
- [ ] sugerir atividades de sensibilização e capacitação de profissionais da empresa;
- [ ] organizar arquivos cadastrais de profissionais especialistas e de setores de interesse da empresa;
- [ ] disseminar, dentro dos vários níveis hierárquicos da empresa, dados, informações e experiências de atuação em mercados externos;
- [ ] criar uma cultura de obtenção, trato e realimentação de informações na empresa;
- [ ] desenvolver outros objetivos de apoio à decisão que possam ser delegados pela direção ou por decisores da área de comercialização internacional da empresa.

Uma configuração avançada do marketing internacional é o estabelecimento de subsidiárias independentes em cada país de atuação, com nenhuma ou pouca interferência das matrizes. Essa variante do marketing internacional é chamada de marketing multidoméstico e será abordada a seguir.

Marketing multidoméstico

No marketing multidoméstico, as atividades de produção e marketing são desenvolvidas de forma particular em cada mercado doméstico. Os resultados são óbvios, com produtos, posicionamentos de mercado, atividades de promoção e políticas de preços próprios em cada subsidiária. Ficam evidenciados a pouca sinergia e os reduzidos benefícios de economia de escala proporcionados pelo marketing multidoméstico. Todavia, o foco volta-se para as particularidades e necessidades específicas de cada mercado-alvo no exterior.

Exemplos clássicos de empresas multidomésticas são as fabricantes do segmento de higiene e limpeza, em que cada mercado no exterior guarda aspectos particulares de clima, geografia, cultura de uso de produtos e etnia de consumidores. Tais fatores necessitam ser entendidos e gerenciados de forma particular em cada mercado específico. Empresas como Unilever e Procter&Gamble são exemplos de empresas multidomésticas.

Nessa fase, devido à necessidade de adaptar o mix de marketing à realidade local de cada país-alvo, as fontes de informação assumem papel central para o sucesso de operações e da atuação da empresa. Recomendamos à empresa associar-se a entidades empresariais de âmbito local em cada país-alvo. Dessa forma, será percebida como um *insider*.

As empresas multidomésticas são comumente chamadas de multinacionais.

Marketing global

O estágio final da evolução da função marketing em nível multidoméstico ou internacional é o marketing global. Para Cateora, Gilly e Graham (2013:21), acabam as noções de fronteiras nacionais para a empresa, devido a sua atuação em praticamente todo o mundo: "Nesta etapa, as empresas tratam o mundo, inclusive o mercado doméstico, com um único mercado".

Um sinal da mudança de estágio do marketing internacional para o marketing global é, para Cateora, Gilly e Graham (2013:21-22), "catalisada pelo fato de a empresa ultrapassar o limite no qual mais da metade de suas receitas de vendas provêm do exterior".

O que é um fenômeno particular para empresas que desenvolvem o marketing global, segundo Mattewman (2012:113), "é que as economias nacionais precisam funcionar como uma unidade em nível mundial em tempo real". E isso confere uma grande vantagem às empresas que atuam nesse nível. A tomada de decisão é mais crítica do que nas etapas anteriores. Soluções gerais dificilmente são eficazes em todos os mercados de atuação. Há que se monitorar pequenas e sutis alterações no cenário de competição e nas alterações de padrões e hábitos de consumo. Nesse sentido, o monitoramento constante de fontes de dados secundários é central para o sucesso. A seguir, sem pretender esgotar a busca, colocamos algumas fontes de dados secundários.

Fontes de informação

Tendo em vista a importância da evolução do marketing em nível internacional para muitas empresas brasileiras e devido às preocupações delas em ampliar o conhecimento de países-alvo no exterior, são sugeridas, a seguir, mas sem procurar esgotar as possibilidades de busca, algumas fontes de informação nacionais e internacionais.

Fontes de informações no Brasil

A Agência Brasileira de Promoção de Exportações e Investimentos (Apex-Brasil) é ligada ao Ministério do Desenvolvimento, Indústria e Comércio Exterior (MDIC) e busca promover exportações de empresas brasileiras e tornar empresas e negócios brasileiros mais competitivos no mercado internacional. Diante do papel e dinamismo do Brasil, essa agência ainda promove ações para atrair investimentos estrangeiros. A Apex-Brasil disponibiliza dados e informações de interesse para profissionais de marketing internacional e empresas brasileiras interessadas em iniciar ou ampliar seus processos de internacionalização, tais como: trabalhos de inteligência comercial internacional; orientações de como proceder para ter acesso ao mercado internacional; recomendações sobre os mercados e oportunidades de negócios, tendências e potenciais do cenário internacional; e informações detalhadas de todas as ações e programas desenvolvidos pela agência.

A Associação de Comércio Exterior do Brasil (AEB), é uma entidade privada e sem fins lucrativos que defende os interesses de seus associados e de empresas exportadoras e importadoras. A AEB oferece dados e informações relevantes para a atuação em negócios internacionais, como notícias da área internacional, publicações e estatísticas de comércio exterior, legislação de interesse e eventos organizados ou apoiados pela entidade.

O Departamento de Promoção Comercial e Investimento está ligado à Subsecretaria Geral de Cooperação, Cultura e Promoção Comercial do Ministério das Relações Exteriores (MRE) e mantém o portal BrasilGlobalNet.

O objetivo do portal BrasilGlobalNet é atuar como ferramenta para o exportador ou para empresas brasileiras interessadas em dar seus primeiros passos rumo ao mercado internacional. O portal disponibiliza um grande número de oportunidades comerciais no exterior, bem como possui um grande banco de dados de importadores potenciais e apresenta demandas para produtos brasileiros. São disponibilizados, ainda, informações sobre transferência de tecnologia, calendário de feiras no Brasil e no exterior, estudos e publicações de interesse para profissionais e empresas.

O BrasilGlobalNet também possibilita o acesso a todos os endereços físicos e eletrônicos dos setores de promoções comerciais ligados ao MRE (Secoms) em todo o mundo. Os Secoms divulgam oportunidades comerciais e de investimento, apoiam empresas brasileiras na busca de novos mercados e em eventos de promoção de exportação no exterior.

A Diretoria de Relações Internacionais e Comércio Exterior (Derex) do Centro das Indústrias do Estado de São Paulo (Ciesp) desenvolve diversas atividades e fornece dados e informações de interesse de empresas exportadoras: negociações internacionais, defesa comercial, promoção comercial e de investimentos, análise econômica do comércio exterior, entre outras.

O Ministério do Desenvolvimento, Indústria e Comércio Exterior (MDIC) proporciona acesso às principais estatísticas de comércio exterior: dados da balança comercial brasileira semanal, mensal e dados consolidados, balança comercial das cooperativas e das *trading companies* brasileiras (empresas comerciais exportadoras), de países e blocos econômicos do Mercosul, das unidades da federação e dos municípios. O MDIC apresenta uma relação das empresas brasileiras exportadoras e importadoras, e é a porta de acesso ao Alice Web, Alice Web-Mercosul, Radar Comercial e a seus órgãos subordinados que regulamentam e orientam o comércio exterior brasileiro.

O Portal Brasileiro de Comércio Exterior reúne um grande número de dados e informações oficiais sobre o comércio exterior brasileiro: exportações, importações, estatísticas, legislação pertinente, acordos internacionais assinados pelo Brasil, atividades de apoio à exportação e diversos *links* de interesse para profissionais de marketing internacional.

Uma importante iniciativa do MDIC é o Projeto Rede Nacional de Agentes de Comércio Exterior (Redeagentes), que é implementado pela Secretária de Comércio Exterior (Secex), em parceria com diversas instituições, e possui como objetivo "estimular a inserção de empresas de pequeno porte no mercado externo e difundir a cultura exportadora em todas as Unidades da Federação e municípios com potencial exportador, por intermédio de três atividades básicas" (Redeagentes, s.d.): capacitação em exportação; articulação, através dos agentes capacitados pelo projeto, em todo o Brasil, de ações que estimulem a atuação de empresas de pequeno porte no mercado internacional; e formação de uma "comunidade prática" que esteja articulada em todas as unidades da federação e nos municípios brasileiros com potencial para o desenvolvimento de operações de exportação.

O trabalho dos integrantes do Redeagentes é voluntário e as atividades desenvolvidas são gratuitas, o que leva a se recomendar que os agentes da rede desenvolvam atividades profissionais em instituições e organizações que tenham objetivos alinhados com o projeto.

O MDIC também gerou e estimula o crescimento da Rede de Centros de Informações de Comércio Exterior (Rede Cicex). Articulando-se em diversos estados brasileiros, a Rede Cicex dissemina e provê o acesso a informações relevantes em comércio exterior e dá encaminhamento aos primeiros passos das empresas de pequeno porte rumo à exportação. Entre as principais atividades, destacam-se: serviços de assistência em comércio exterior, divulgação de legislação, manuais, informações e dados relevantes para a área.

O Ministério da Fazenda (MF) oferta diversos estudos econômicos do Brasil, estatísticas econômicas relevantes e apresenta o conjunto de serviços prestados pelos órgãos fazendários. Entre as informações que podem ser obtidas no MF e de interesse para o marketing internacional, destacamos: aduaneiras; dívida pública, interna e externa; negociações econômicas internacionais; preços em geral; tarifas públicas e administradas; fiscalização e controle do comércio exterior; e acompanhamento da conjuntura econômica.

O Programa de Financiamento às Exportações (Proex) é a principal linha de financiamento público ao comércio exterior brasileiro. O Banco do Brasil atua como agente financeiro da União para o programa e é o responsável por sua gestão.

O objetivo central é dar às empresas exportadoras brasileiras, especialmente às de micro e pequeno portes, condições equivalentes às obtidas no exterior. Praticamente, toda a pauta de produtos exportados pode ser financiada; a exceção são as *commodities*. O Proex possibilita ainda o financiamento de serviços, como manutenção e reparação de máquinas e equipamentos, contabilidade, consultoria e serviços jurídicos.

O Programa de Apoio Tecnológico à Exportação (Progex) é uma ação interministerial entre o Ministério da Ciência e Tecnologia e Inovação (MCTI) e o Ministério do Desenvolvimento, Indústria e Comércio Exterior (MDIC), e busca financiar a assistência tecnológica às micro e pequenas empresas que pretendem se tornar exportadoras ou que objetivam melhorar produtos destinados ao mercado externo.

Os focos de ações do Progex são: a melhoria de qualidade e de processos produtivos, o atendimento às normas técnicas no exterior, a redução de custos de produção, a melhoria de *design* e embalagens. O acesso ao Progex se dá através de núcleos de atendimento credenciado, os quais são coordenados pela Financiadora de Estudos e Projetos (Finep).

A Rede Brasileira de Centros Internacionais de Negócios (Rede CIN) é coordenada, em todo o território brasileiro, pela Confederação Nacional da Indústria (CNI), e atua em parceria com a Apex-Brasil. A Rede CIN dá apoio à internacionalização de empresas brasileiras, com a oferta de programas voltados a ampliar a competência exportadora, a inteligência comercial, a capacitação empresarial e a promoção de negócios no exterior.

O projeto Vitrine do Exportador é uma iniciativa do governo federal brasileiro voltada para a divulgação, na web, de empresas brasileiras e seus produtos para o mercado internacional. O projeto busca dar sinergia às ações de diversos órgãos do setor público ligados ao comércio exterior e entidades representativas de setores empresariais.

Fontes de informações internacionais

A Agência Central de Inteligência (CIA) é ligada ao governo dos Estados Unidos (EUA). Essa agência, em grande parte devido aos múltiplos interesses norte-americanos na arena internacional, desenvolve estudos e propostas de soluções para diversos cenários tendenciais. Entre esses cenários, há interesse, entre outros, no levantamento de conjunturas econômicas, nos riscos políticos de países e regiões, perfis de países e análises de comércio exterior.

A Associação Latino-Americana de Integração (Aladi) é formada por 13 países-membros: Argentina, Bolívia, Brasil, Chile, Colômbia, Cuba, Equador, México, Panamá, Paraguai, Peru, Uruguai e Venezuela. Esses países, somados, possuem 20 milhões de quilômetros quadrados e uma população de pouco mais de 510 milhões de habitantes.

A Aladi oferece informações sobre aspectos de integração entre os países-membros, bem como indicadores macroeconômicos, indicadores socioeconômicos e de comércio exterior de bens. Todos os acordos e tratados realizados pelo grupo de países-membros e da associação para com terceiros países estão disponíveis online.

O Banco Mundial é o somatório de duas instituições mantidas por 188 países: o Banco Internacional para a Reconstrução e o Desenvolvimento (Bird) e a Associação Internacional de Desenvolvimento (AID). O Banco Mundial disponibiliza o livre acesso a artigos, relatórios e pesquisas. Grande parte desses dados e informações pode ser utilizada por profissionais de marketing no aprofundamento de suas análises de indicadores relevantes de mercado. O Banco Mundial também disponibiliza indicadores do desenvolvimento mundial, através de endereço eletrônico <http://web.worldbank.org>.

A Conferência das Nações Unidas para o Comércio e o Desenvolvimento (Unctad) promove a integração da economia mundial de países em desenvolvimento associados. Essa conferência oportuniza dados econômicos e conjunturais úteis para a construção e entendimento de cenários de negócios em diversos países.

O Departamento do Censo dos Estados Unidos oferece uma diversidade de estatísticas e relatórios sobre comércio internacional.

O Fundo Monetário Internacional (FMI) é composto por 188 países associados e trabalha para ampliar a colaboração monetária entre seus membros, promover a segurança e a estabilidade financeira, colaborar para o comércio, promover a empregabilidade, tornar o crescimento econômico sustentável e reduzir os índices de pobreza.

O FMI, para atingir seus objetivos, disponibiliza dados estatísticos, taxas de câmbio, indicadores econômicos e financeiros, estudos, guias e manuais, os quais levantam conjunturas e mostram tendências econômicas globais.

O Indiamart é o maior portal online B2B para pequenas e médias empresas da Índia e oferece oportunidades e eventos de negócios para empresas estrangeiras, com todos os setores e províncias desse país.

O International Trade Administration (ITA) é um portal do governo dos Estados Unidos que congrega diferentes informações sobre exportações/importações, eventos de negócios e promoção de exportações.

O Mercado Comum do Sul (Mercosul) é um acordo de comércio exterior estabelecido pelos seguintes países: Argentina, Brasil, Paraguai, Uruguai e Venezuela. A Secretaria do Mercosul, localizada em Montevidéu, capital do Uruguai, disponibiliza eletronicamente, desde 2009, todos os documentos públicos oficiais: atas de reuniões dos órgãos que dão estrutura ao Mercosul, documentos de trabalho ou informativos, programas de trabalho e seu grau de cumprimento, bem como a normativa e os projetos de normas, entre outros.

A Organização para a Cooperação e o Desenvolvimento Econômico (OCDE) disponibiliza informações sobre os mecanismos de cooperação de seus 34 países-membros e estatísticas e relatórios de diversos setores econômicos e perfis de países de todo o mundo.

A Organização de Comércio Exterior do Japão (Japan External Trade Organization – Jetro) é a melhor fonte de dados e informações sobre o mercado japonês, bem como sobre os interesses comerciais japoneses no exterior.

A Organização Mundial do Comércio (OMC) nasceu de um processo de negociações e é a sucessora do Acordo Geral de Tarifas e Comércio (Gatt). Essa entidade busca reduzir as barreiras no comércio exterior entre seus 157 países-membros. A OMC disponibiliza, em três idiomas (espanhol, francês e inglês), relatórios, estudos, textos legais e as decisões tomadas no seu âmbito e que afetam e regulamentam as relações comerciais internacionais entre seus membros.

A Oxford Analytica é uma empresa de consultoria que realiza aconselhamento e análises globais, especialmente em aspectos políticos e econômicos de países e regiões do mundo.

A Rede Mundial de Câmaras de Comércio e Indústria (WCN) ajuda empresas de todos os tamanhos a ampliarem seus negócios através da ligação de câmaras locais com parceiros de negócios em todo o mundo.

A revista *World Trade* (WT100) é uma publicação que disponibiliza acesso a seu diretório de artigos sobre os mais variados assuntos de interesse de comércio internacional.

A Unidade de Inteligência da revista *The Economist* (Economist Intelligence Unit – EIU) fornece dados e informações atualizados de setores e tendências econômicas em mais de 200 países em todos os continentes. As informações mais completas são pagas, mas é possível encontrar diversas informações de bom nível gratuitamente.

A Textiles Intelligence é uma empresa localizada no Reino Unido que provê dados, informações, relatórios, análises e perspectivas do mercado de fibras têxteis e de confecções de todo o mundo. Os serviços são tarifados, mas os preços são acessíveis. Além dessas fontes, sempre se faz oportuna uma busca adicional em:

❑ universidades;
❑ institutos de pesquisa;
❑ câmaras de comércio;
❑ agências estrangeiras de promoção de exportações ou negócios internacionais;
❑ confederações, federações e associações empresariais, brasileiras e estrangeiras.

Em um mercado internacional cada vez mais competitivo, as atividades de inteligência comercial passam a ter papel central para a melhoria do processo decisório e o posicionamento de empresas frente a seus concorrentes.

Entendemos que, com a evolução das atividades de marketing fora das fronteiras nacionais, ampliam-se também as necessidades de mais dados e informações. Nesse sentido, o acesso e o monitoramento de fontes confiáveis são o ponto de partida na labuta infindável de internacionalizar empresas brasileiras e estrangeiras.

Por fim, para vencer os concorrentes antecipando seus movimentos, há que se evoluir das operações de comercialização para atividades mais complexas, como abertura de uma subsidiária comercial internacional (escritório), uma central de distribuição ou mesmo a realização de investimentos em uma subsidiária produtiva (fábrica) no exterior. Para tanto, as fontes de informação são uma riqueza de vital importância para o processo de tomada de decisão.

A seguir, são adicionados dois tópicos para discussão, com o objetivo de reforçar alguns pontos e ampliar sua reflexão, leitor, e a de estudantes, professores e profissionais de marketing internacional.

Vimos, neste capítulo, as fontes de informações disponíveis para o gestor de marketing internacional e de comércio exterior, e como obtê-las e tratá-las, de tal forma que se tornem a base para tomada de decisão eficiente. Mostramos também que as empresas praticam diferentes estratégias de marketing em função do envolvimento com os diversos mercados no exterior e da abordagem pretendida, necessitando de informações diferenciadas para cada forma de atuação.

No próximo capítulo, apresentaremos a você, leitor, como desenvolver estratégias de produto, marca, preço, distribuição e comunicação diante das particularidades e especificidades de cada país-alvo. Dessa forma, você, leitor, poderá finalizar o caso "Internacionalização de uma marca brasileira de *surfwear*", exercitando esses conhecimentos.

Exercitando conceitos

Informação: difícil com ela, impossível sem ela

Após um longo processo de recrutamento e seleção, você foi contratada(o) para atuar como executiva(o) de comércio exterior da empresa de médio porte Móveis Santa Efigênia Ltda., produtora de sofás, mesas e cadeiras, localizada na Grande São Paulo. A empresa desenvolve operações de exportação, principalmente para países signatários do Mercosul, com destaque para a Argentina. Entende o presidente da empresa que "não é o momento para se implantar uma unidade de inteligência comercial (UIC)". Todavia, após uma longa conversa, o presidente aceitou suas ponderações sobre a importância de se iniciar atividades na área de inteligência comercial internacional e identificar o monitoramento das principais fontes de informações secundárias. Entende-se que a maioria das empresas brasileiras não utiliza, de forma sistemática, atividades de inteligência comercial internacional em seus negócios no exterior, e algumas organizações nunca tomarão a decisão de iniciar esse processo. Diversos estudos e pesquisas comprovam que, no Brasil, há uma necessidade de se viver o mercado e aprender através de um processo de acerto e erro. Nesse sentido:

❑ cite e comente três impactos da falta de informações comerciais internacionais sobre o direcionamento dos negócios de empresas brasileiras, exportadoras ou não;
❑ tendo em vista o país-alvo da empresa no exterior, a Argentina, cite e comente três fontes de dados secundários encontradas na internet, das listadas neste capítulo ou disponíveis em servidores de busca da web, que necessitam ser monitoradas pela empresa Móveis Santa Efigênia Ltda.

Que tal beber direto da fonte?

Leonard Fuld (2007:29), um dos maiores especialistas mundiais na área de inteligência competitiva, afirma que: "a informação é uma arma e se você não souber utilizá-la, as vítimas serão você e sua empresa".

No Brasil, ainda são poucas as empresas que possuem uma unidade de inteligência comercial (UIC) formalizada em suas estruturas. O mais comum é a utilização de informações comerciais levantadas pela equipe de profissionais da própria empresa para a tomada de decisões ou a contratação de consultores que desenvolvem trabalhos de inteligência comercial internacional, mas o fazem em atividades específicas. A inteligência comercial utiliza o conhecimento formal expresso, encontrado em livros, relatórios, outras publicações e em bancos de dados, e o conhecimento tácito, que decorre de experiências daqueles que se dedicam à comercialização de produtos e serviços em nível internacional.

❑ Tendo em mente o contexto colocado, você foi convidada (o) a ministrar uma palestra em um evento em Curitiba, voltado para profissionais de comércio exterior de empresas localizadas nas regiões Sul e Sudeste. Sua palestra ocorrerá no próximo sábado. O tema proposto é: "Como transformar a informação em arma para se atuar em uma economia globalizada". Nesse sentido, cite e comente cinco tópicos/argumentos que farão parte da sua exposição.

❑ A empresa Rocha Lima Tecidos Planos Ltda. recebeu uma oferta para implantar uma unidade produtiva na República Dominicana – país que é signatário de um tratado de livre comércio com os Estados Unidos – nos seguintes termos: doação de uma área de 70 mil m² à empresa; isenções de impostos e taxas locais por 10 anos; vagas em escola internacional para os filhos de brasileiros que venham a trabalhar no país; uma indenização no valor de US$ 15 mil a cada estrangeiro que venha se fixar no país (valor colocado a título de ajuda de custo para mudança e instalação de família). Após uma consulta às fontes de dados secundários colocadas neste capítulo, pergunta-se: como deverá se posicionar a empresa Rocha Lima Tecidos Planos Ltda. frente à proposta do governo da República Dominicana? Justifique.

Estudo de caso: internacionalização de uma marca brasileira de surfwear

Agora, você, leitor, que já conhece as fontes de informação do comércio internacional em nível Brasil e no exterior, poderá responder aos seguintes questionamentos sobre o caso da internacionalização da marca Redley, apresentado no primeiro capítulo:

1. Quais seriam os cinco países em que você concentraria seus esforços mercadológicos? Explique o motivo de sua decisão. Quais seriam os aspectos culturais que você deveria observar?

2. Faça um levantamento de dados socioeconômicos dos países escolhidos e identifique dados que poderiam ajudá-los nas decisões quanto à estratégia de marketing a ser escolhida.

3. Que outras informações você precisaria obter para elaborar um plano de marketing internacional? Onde você poderia obter tais informações?

4

Decisões de produto, preço, distribuição e comunicação em nível internacional

Neste capítulo, observaremos como as decisões relacionadas a produto e marca, precificação, distribuição e comunicação de um produto são afetadas por aspectos inerentes às negociações internacionais, tais como: estruturas tributárias e custos logísticos, cultura local, estratégias de posicionamento, definições relativas a canais de distribuição e formas de comunicação com o público externo, entre outros.

O aumento acelerado no volume de transações comerciais internacionais, nas últimas décadas, traz, ao mesmo tempo, uma ampla gama de oportunidades e uma série de desafios para as empresas brasileiras.

A construção de um composto de marketing (produto, preço, distribuição e comunicação) que atenda às expectativas de consumidores nas mais diversas culturas e aos distintos ambientes de negócios nos países-alvo é um importante diferencial competitivo no cenário dos negócios internacionais.

Decisões de produto e marca em nível internacional

Antes de passarmos a discorrer sobre as estratégias de produto e marca, devemos nos ater a um dos principais conceitos em marketing: posicionamento estratégico da marca. O posicionamento estratégico é a posição clara e distinta que determinada marca tem na mente do público-alvo. Porém, estamos entrando em um novo mercado (país-alvo) e, portanto, essa marca não é conhecida. Podemos então dizer que o posicionamento estratégico da marca é como os gestores de uma empresa desejam que sua marca seja vista pelo público-alvo naquele país-alvo.

O posicionamento estratégico da marca em um país-alvo é que definirá todas as estratégias de produto, marca, preço, distribuição e comunicação naquele mercado.

A decisão da escolha do posicionamento estratégico da marca será definida em função dos pontos fortes de sua empresa em relação à concorrência, à capacidade de sua empresa operar ou não em alguns segmentos e à imagem corporativa da empresa. Obviamente que a imagem do Brasil pode ajudar ou dificultar alguns posicionamentos de marcas brasileiras. A Embraer e fabricantes de produtos de tecnologia tiveram de quebrar tabus e preconceitos para que pudessem se posicionar no segmento de tecnologia de qualidade. São os chamados estereótipos do país de origem. Tal fato não foi prerrogativa apenas dessas empresas brasileiras; marcas japonesas de carros e eletrônicos tiveram de vencer esse desafio nos anos 1960 e 1970 no mundo. As marcas coreanas do mesmo segmento tiveram o mesmo desafio nos anos 1990. Qual era o posicionamento da marca Samsung há 10 anos? Hoje é a nona marca mais valiosa do mundo pelo ranking da Interbrand.

O posicionamento estratégico poderá ocorrer de diversas formas: *premium*, *fashion*, grife, popular, *high tech*, benefício ou atributo, entre outras.

Produto é um conjunto de atributos: o produto tangível propriamente dito, sua embalagem, *design* e os serviços a ele acoplados, no conceito de produto ampliado.

O gestor de marketing internacional tem três decisões no que tange à estratégia de produtos:

❑ *produtos globais* – aqueles que são produzidos e vendidos exatamente iguais, onde quer que a empresa opere no mundo. Essa estratégia não é tendência, pois parte do princípio de que todos os consumidores são iguais no mundo. Já vimos anteriormente que os consumidores são influenciados pela cultura, clima, gostos, tradições, aspectos ergonométricos, legislação, entre outros fatores. Ter um produto global no portfólio de produtos de sua empresa leva à otimização de custos de produção, porém não iremos atender bem aos consumidores locais em cada país-alvo. Exemplos de produtos globais são as *commodities*;

❑ *produtos customizados* (produtos globais adaptados ao cliente local) – grande parte do produto é exatamente igual, porém a empresa adapta esse produto para atender a especificações locais. Podemos citar como exemplos: (i) a Coca-Cola, que, em alguns países, altera o teor de açúcar e a gaseificação para atender a gostos locais; (ii) os produtos eletrônicos que têm voltagem e ciclagem diferentes para atender a imposições locais; (iii) carros globais que, em verdade, são plataformas globais com customizações locais, como pneus diferentes, sistemas de segurança diferentes em função da legislação local, combustíveis diferentes que requerem adaptações, volantes em lados diferentes e oferta de cores diferentes em função da cultura e gosto locais; (iv) os ônibus da Marcopolo, que são customizados para os diversos países-alvo. É a tendência no mundo globalizado;

❏ *produto local* – deixou de ser tendência desde os anos 1970, mas ainda temos exemplos de empresas com operações globais que têm, em seu portfólio, produtos locais. Exemplos: a Unilever, que detém a marca Kibon no Brasil, tem uma linha de sorvetes com gosto de frutas locais e somente para o Norte do Brasil; durante décadas, a Coca-Cola teve um produto somente para o Brasil – o guaraná.

Você, leitor, pôde verificar, no terceiro capítulo, que a pesquisa de marketing é a ferramenta que permite a uma empresa identificar os gostos locais e a legislação do país-alvo. Identificado o que o mercado demanda, o gestor de marketing internacional deverá verificar se existe algum produto do portfólio da empresa para o mercado nacional, ou mesmo que possa atender às demandas de algum outro mercado em determinado país-alvo no exterior. Se houver, não haverá necessidade de customização e esse custo será evitado.

Não havendo produtos que atendam satisfatoriamente à demanda do país-alvo, o gestor de marketing internacional deverá capitanear um processo de customização juntamente com o pessoal da produção e P&D. Antes, porém, o gestor de marketing internacional deverá analisar se existe mercado potencial no país-alvo que justifique o custo da customização do produto.

Uma estratégia muito utilizada pelas empresas dos países desenvolvidos é a extensão geográfica do ciclo de vida do produto. Essa estratégia consiste em identificar países que estão em padrão inferior de exigência de qualidade e com renda mais baixa, e lançar produtos que já estejam em declínio no ciclo de vida do produto no país de origem da empresa.

Nos dias atuais, os produtos se tornam padrão em rápido intervalo de tempo. Os ciclos de vida se tornam cada vez mais curtos. A concorrência copia produtos com uma velocidade cada vez maior. É comum dizer que os produtos se tornam *commo-*

dities rapidamente, ou seja, iguais. Os serviços agregados aos produtos é que passam a ser o diferencial, e, por sua vez, são também copiados. O grande diferencial passa a ser a marca, a relação e a confiança que transmite a seu público-alvo. Marca passa a ser cada vez mais um dos principais ativos de uma empresa. É um ativo intangível, tal como a governança e a inovação (patentes e novos *designs*). Segundo Kotler (1998:393), "marca é um nome, termo, símbolo ou combinação dos mesmos, que tem o propósito de identificar bens ou serviços de um vendedor ou grupo de vendedores e de diferenciá-los de concorrentes".

Contudo, marca não se limita a esses aspectos gráficos que o conceito acima evidencia. A marca representa a identidade da empresa ou do conceito de produto. Para o mercado, a marca é uma percepção. Para o consumidor, o resultado de experiências vividas por eles e outras pessoas (que podem relatá-las no boca a boca ou nas redes sociais).

A marca mais valiosa do mundo é a Apple, valendo US$ 98,316 bilhões, pelo ranking da Interbrand, uma das mais conceituadas empresas de *branding* do mundo. Estamos falando da marca e não dos demais ativos da Apple. Os ativos tangíveis da empresa no mundo são ínfimos em relação ao valor de sua marca.

Branding consiste em criar e desenvolver marcas, ou seja, sua gestão. É uma área nova na administração. *Global branding* é a gestão de marcas de uma empresa que opere em nível global.

Existem duas estratégias de *global branding*:

❑ marca global – a marca é utilizada em todos os países-alvo da empresa. É a tendência no mundo globalizado. Coca-Cola é uma marca global, apesar de seus produtos poderem ser customizados;

❑ marca local – a marca é utilizada somente em um país-alvo ou em alguns países-alvo. Kibon é uma marca local da empresa Unilever no Brasil. Na Holanda e na Bélgica, é Ola; em Portugal, a marca é Olá. Já na Alemanha, é Langnese, e na França, Miko.

Apesar de a estratégia de marcas locais não ser tendência, a Unilever, em alguns segmentos, mantém marcas locais, pois foram marcas de empresas compradas, mas com grande visibilidade e recordação em seus países de origem. Em alguns países, a marca passa a ser até sinônimo do produto, como é o caso de Kibon no Brasil, fato esse que justifica mantê-la.

Em um mundo globalizado, com eventos globais e comunicação global e *on time*, trabalhar com marcas globais traz algumas vantagens, como otimização do custo de divulgação – por exemplo, usando-as em eventos globais como a Copa do Mundo e as Olimpíadas – pois todos os clientes no mundo estarão vendo e reconhecendo aquela marca.

As grandes corporações têm recorrido às empresas de *branding* para desenvolver marcas globais. Ferramentas e softwares têm sido desenvolvidos pelas empresas de *branding* com essa finalidade.

Ao desenvolver uma marca global, o gestor de marketing internacional deve ter, entre outros, os seguintes cuidados:

❑ o nome da marca deve ser fácil de ser pronunciado e memorizado nas diversas línguas, especialmente nos países em que a empresa pretende utilizá-la;

❑ o nome e o símbolo da marca não devem atentar contra os preceitos religiosos, políticos e sociais e, principalmente, não devem transmitir nenhum sentido pejorativo. Como exemplo, citamos a marca de carro Pajero, da Mitsubishi, que não pode ser usada em país de língua espanhola por remeter à pessoa que se masturba. Esse é um exemplo da preocupação que a empresa deve ter nesse aspecto. Nesses países, a marca usada é Montero;

❑ o registro da marca, primeiramente no país de origem e, imediatamente após, nos países-alvo. Atentar para o fato de que não existe um órgão supranacional para registro de marca. A marca deve ser registrada no Brasil, no Instituto Nacional de Propriedade Industrial (Inpi) e em cada país, no órgão respectivo.

Existe uma exceção, que é a marca comunitária da União Europeia. O exportador poderá fazer uma pesquisa, por meio de empresas especializadas em registro de marcas, na Organização para a Harmonização do Mercado Interno-Ohami, que é o organismo da União Europeia (UE) encarregado da apreciação dos pedidos de registros de marcas comunitárias. A marca comunitária é uma marca cuja validade jurídica extrapola a fronteira de cada Estado nacional, tendo validade em todo o espaço territorial do bloco europeu. Uma de suas principais características, portanto, é o caráter único da proteção. Para poder usar esse expediente, o pré-requisito é que seja passível de registro em todos os Estados-membros, sem exceção. Havendo impedimento legal para o registro em um único membro, o pedido de registro da marca comunitária será indeferido. Nesses casos, a empresa terá como alternativa o registro em cada país da UE no qual deseja comercializar a marca, desde que, obviamente, não haja impedimento legal.

Até o momento da edição deste livro, o Brasil ainda não adotou o Protocolo de Madri, que se encontra no Congresso Nacional para aprovação, inclusive com parecer positivo da Câmara de Comércio Exterior (Camex) do governo federal. Seria alvissareiro que o Brasil adotasse esse acordo, uma vez que 89 países do mundo, inclusive os demais membros do Brics, já o fizeram. O Protocolo de Madri reduz custos e procedimentos por parte das empresas brasileiras que atuem no comércio internacional, já que as mesmas não terão de fazer registro de marcas em diversos países, mas apenas em uma instituição.

O Protocolo de Madri é um acordo internacional, administrado pela Organização Mundial da Propriedade Intelectual (Ompi), através do qual é possível depositar, ao mesmo tempo, uma marca nos diversos escritórios de registro dos países-membros do acordo.

Decisões de preço em nível internacional

Entre os quatro Ps do marketing mix (produto, preço, praça e promoção), o componente preço é, talvez, o que melhor materializa o grau de competitividade de uma empresa no seu mercado de atuação. A definição do preço de um produto em determinado mercado deve refletir o tipo de posicionamento que se espera conseguir na mente do consumidor em relação aos concorrentes. Além disso, precisa, obviamente, cobrir os custos de produção e garantir a margem de lucro necessária para a remuneração dos acionistas em uma atividade de alta complexidade e risco que se configura nos negócios internacionais.

Dessa maneira, as decisões de precificação no composto de marketing internacional devem observar fundamentalmente três aspectos: os organizacionais, que dizem respeito à estrutura de custos da empresa para a produção e entrega do produto ao cliente no mercado-alvo; os mercadológicos, que dizem respeito à estrutura de concorrência no mercado-alvo e como esta se reflete nas estratégias de precificação internacional da empresa; e, por fim, os regulatórios, que dizem respeito às leis e normas de regulação do mercado-alvo que podem vir a afetar as decisões de precificação internacional da empresa. A seguir, analisaremos em maiores detalhes cada um desses aspectos.

Aspectos organizacionais

Ao se negociar um produto para venda em um mercado externo, o primeiro ponto a observar é a formação do seu preço de exportação. É importante compreender que o preço é uma ferramenta fundamental de negociação. Assim, iniciar uma tratativa com um comprador internacional sem que se saiba exatamente que valor monetário reflete de forma mais adequada o custo do produto e seu posicionamento no mercado-alvo é um erro que pode comprometer todo o processo de exportação da empresa. Outro erro bastante comum, principalmente para as empresas que estão iniciando suas exportações, é simplesmente converter o preço em reais para a moeda do mercado-alvo (ou, mais comumente, para dólares americanos). Em geral, esse preço "convertido" não vai refletir os atributos de posicionamento e valor esperados para o produto naquele mercado, uma vez que suas estruturas de custos de produção e distribuição, bem como a incidência de tributos e concorrência enfrentada são essencialmente diferentes daquelas encontradas no Brasil.

Considerando as especificidades de cada mercado-alvo, a formação do preço de exportação deve seguir a lógica apresentada no quadro 3.

A legislação brasileira prevê benefícios fiscais que permitem a exclusão de custos tributários, que normalmente incidem no preço de venda no mercado interno, do preço final de exportação, seja em operações de exportação direta ou indireta (via *trading companies* ou empresas comerciais exportadoras). O quadro 4 apresenta tais benefícios de forma resumida.

Quadro 3
LÓGICA DA FORMAÇÃO DOS PREÇOS DE EXPORTAÇÃO

> **Preço de venda no mercado interno**
> (–) IPI
> (–) ICMS
> (–) PIS
> (–) Cofins
> (–) Outros tributos
> (–) Custos financeiros no mercado interno
> (–) Custos de embalagem para transporte no mercado interno
> (–) Margem de lucro no mercado interno
> (–) Despesas de venda no mercado interno
> = **Preço de custo de exportação**
> (+) Embalagem para exportação
> (+) Custos financeiros e cambiais na exportação
> (+) Despesas de exportação
> (+) Embalagem comercial adaptada ao país-alvo
> (+) Margem de lucro no mercado externo
> = **Preço de venda de exportação (EXW)**

Quadro 4
BENEFÍCIOS FISCAIS NA EXPORTAÇÃO

Tributo	Tratamento	Base legal
Imposto de Exportação (IE)	Não incidência, exceto para peles animais em estado bruto.	Constituição Federal
ICMS	Não incidência.	Constituição Federal e Lei Kandir (1996)
IPI	Imunidade para produtos industrializados exportados.	Constituição Federal e Regulamento do IPI (Ripi)
PIS/Cofins	Não incidência.	Decreto nº 10.637/2002 e Decreto nº 4.524/2002

Fonte: Brasil Trade Guide.

Da mesma forma, devem também ser excluídas do preço de exportação despesas que somente ocorreriam caso o produto fosse vendido no Brasil, como embalagens específicas para distribuição no mercado interno, comissões de vendedores no mercado interno, despesas de propaganda e distribuição dentro do Brasil e quaisquer outras despesas que não incidirão no mercado externo.

Depois de excluídos os custos com tributos e despesas inerentes ao mercado interno brasileiro, chega-se ao que se chama de preço de custo de exportação. A partir desse preço é que se agregam os valores que formarão o preço final do produto no mercado externo. Tais valores são basicamente as despesas relacionadas aos quatro Ps do composto de marketing internacional, essenciais para o correto posicionamento do produto no mercado-alvo, conforme exemplifica o quadro 5.

Quadro 5

CORRELAÇÃO ENTRE AS DESPESAS NA EXPORTAÇÃO E OS QUATRO PS DO MARKETING MIX

Tipo de despesa na exportação	Produto	Preço	Praça	Promoção
Embalagens	X			X
Emissão de certificados	X			
Despesas com viagens a feiras				X
Despesas cambiais		X		
Despesas com propaganda no mercado externo				X
Logística e transporte internacional			X	

Os valores relacionados às embalagens para exportação não se referem aos contêineres, *big bags* ou outros equipamentos retornáveis, utilizados no transporte internacional, mas sim à embalagem de transporte do produto propriamente dita (caixas, *pallets*, amarrados e outras, quando necessárias). A embalagem comercial do produto de exportação requer, em geral, algum tipo de adaptação, seja uma simples adequação do rótulo ao idioma local até a modificação completa da apresentação do produto, de forma a poder corresponder à demanda do consumidor internacional. Como já mencionado anteriormente, os custos relacionados a tais adaptações devem ser incluídos no preço final de exportação, sob pena de a operação tornar-se financeiramente inviável para a empresa. Os custos relacionados ao acondicionamento em contêineres estão incluídos no valor do frete marítimo e deverão compor o preço final de exportação de acordo com o Incoterm negociado na operação, como veremos mais adiante.

Outros custos, que também se relacionam aos quatro Ps do composto de marketing e que, portanto, devem ser incluídos no preço final de exportação, são: emissão de certificados de origem e fitossanitários, caso o país-alvo os exija; despesas com viagens para participação em feiras; despesas cambiais; despesas com propaganda no mercado externo e outras despesas inerentes à exportação. Objetivamente, uma despesa deve ser incluída no preço final de exportação caso ela se relacione com um dos quatro Ps do marketing mix, necessários para a inserção do produto no país-alvo.

Após a devida inclusão dessas despesas no preço de custo de exportação do produto, chega-se ao seu preço final de exportação na modalidade de Incoterm EXW (*ex works*), ou seja, disponível para o cliente na origem (fábrica, fazenda ou mina) do exportador brasileiro. Este Incoterm representa a modalidade com menor risco e custo envolvido para o exportador, uma vez que o importador deverá se responsabilizar pelo custo e controle de todos os trâmites de logística, aduana e transporte internacional até que a carga se encontre em seu destino final no mercado externo. Apesar de representar uma operação com baixo risco e custo para o exportador, esse Incoterm não representa um diferencial competitivo do ponto de vista de agregação de valor para o cliente, uma vez que o importador é o responsável pela administração de todo o processo aduaneiro e logístico até que a carga chegue ao seu destino final.

Na seção relacionada às decisões sobre distribuição no mercado internacional, veremos como a escolha do Incoterm mais adequado pode potencializar o valor que se espera gerar para o cliente final em uma exportação.

Aspectos mercadológicos

No processo de introdução de um produto em um mercado externo, a empresa deve, antes de tudo, analisar qual é a oferta de valor que será feita aos clientes daquele mercado. De acordo com Kotler e Keller (2006:22), a oferta de valor de uma empresa é "um conjunto de benefícios que [as empresas] oferecem aos clientes para satisfazer suas necessidades, materializado por uma combinação de produtos, serviços, informações e experiências", e deverá, fundamentalmente, se refletir nos preços praticados naquele mercado.

Após a definição sobre qual mercado apresenta as melhores oportunidades de negócios, o próximo passo é a construção da oferta de valor da empresa para aquele mercado. Alguns aspectos relevantes para tal construção são:

a) compreensão do segmento de atuação no mercado-alvo:
  - ❑ O produto que se pretende exportar atende diretamente ao consumidor final (B2C) ou faz parte de uma cadeia produtiva, sendo vendido para clientes corporativos (B2B)?
  - ❑ Qual é o tamanho desse segmento, em termos de quantidade de clientes potenciais e poder de consumo?

- ❏ Onde esses clientes estão localizados geograficamente dentro do mercado-alvo?
- ❏ Quais são os hábitos de consumo desses clientes, com que frequência eles compram e como se dá o processo de compra?

b) definição do diferencial do produto para o mercado:

- ❏ Qual é o diferencial desse produto para esse mercado, considerando os segmentos analisados no item anterior?
- ❏ Os potenciais clientes já têm acesso a produtos similares?
- ❏ A que preço? Em que condições de entrega (exemplo: Incoterms mais utilizados) e com que formas de pagamento?
- ❏ Qual o diferencial que esse produto pode oferecer aos potenciais clientes do mercado externo, em termos de preço, qualidade e experiência de consumo?
- ❏ Quem são os concorrentes nesse mercado?

c) análise da cadeia ou rede de valor:

- ❏ Qual é a estrutura disponível na empresa para oferecer os diferenciais de produto mapeados para o grupo potencial de clientes?
- ❏ Qual é o grau de flexibilidade da empresa para adaptar seus produtos, desde sua cadeia de fornecedores até os canais de distribuição existentes, passando pela sua estrutura de produção?
- ❏ Será necessário desenvolver novos fornecedores ou novos canais de distribuição para ofertar o valor esperado pelos clientes?
- ❏ Qual será o custo dessas adaptações?

Realizadas essas análises, a empresa poderá construir sua oferta de valor para os clientes do mercado em questão e definir, a partir daí, o nível de preços que irá praticar naquele mercado. É importante observar que, a cada novo mercado para onde se pretenda exportar, a oferta de valor deverá ser novamente analisada e novos preços deverão ser definidos, uma vez que praticamente todos os pontos listados anteriormente variam de acordo com o mercado. Hábitos de consumo, estrutura de preços e canais de distribuição, bem como a concorrência existente no mercado, são exemplos clássicos de pontos da oferta de valor que, certamente, variarão de país a país e, também, ao longo do tempo em um mesmo mercado, refletindo-se no nível de preços que deverá ser praticado pela empresa.

Uma das ferramentas tradicionalmente utilizadas para analisar a estrutura de um mercado é o modelo de cinco forças de Porter (2005), que pode ser bastante útil na construção da oferta de valor. A utilização desse modelo é especialmente interessante quando se deseja analisar a estrutura do mercado-alvo no que tange a barreiras de entrada, clientes, fornecedores e concorrentes, conforme o esquema ilustrado na figura 1.

Figura 1
MODELO DE CINCO FORÇAS DE PORTER

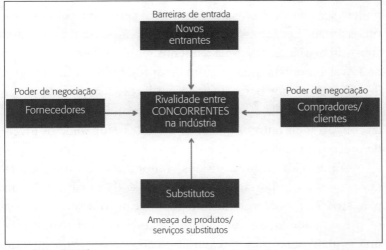

Fonte: Porter (2005).

As barreiras de entrada representam o grau de dificuldade que um produto ou serviço enfrentará para ingressar em um novo mercado. Como exemplos, podemos citar barreiras tarifárias e não tarifárias, a existência de licenças ou patentes já registradas por empresas concorrentes, as regulações e políticas governamentais, além de, obviamente, a experiência das empresas já atuantes no país-alvo.

Com relação aos concorrentes, o modelo de cinco forças de Porter prevê que a ameaça de produtos substitutos pode ter várias origens, como a substituição de um produto por outro similar ou o deslocamento da demanda para outro tipo de produto (por exemplo, deixar de comprar um carro novo para comprar um pacote de viagem internacional para as férias da família). Além das preferências do consumidor, outro fator determinante para a substituição de um produto por outro são os custos de substituição. Esses custos podem ser financeiros (por exemplo, multas contratuais) ou psicológicos (por exemplo, identificação com a marca).

Mercados onde existe pouca oferta de produtos substitutos podem ser mais atrativos, pois tendem a permitir a cobrança de preços mais elevados. Mercados em que a oferta de produtos substitutos é bastante ampla tendem a ser mais abertos à entrada de novas empresas, mas costumam apresentar um forte poder de negociação por parte dos compradores, acostumados a ter acesso a uma ampla oferta de produtos, levando à intensificação da concorrência entre as empresas atuantes e forçando os níveis de preço para baixo.

O poder de negociação dos compradores e fornecedores também é um importante fator na análise da estrutura de um país-alvo. Compradores têm alto poder de negociação, forçando os preços para baixo, quando são maiores do que os fornecedores, mais organizados (exemplo: cooperativas), ou quando existem vários produtos substitutos. A lógica inversa se aplica ao poder de negociação dos fornecedores, que se tornam fortes e forçam os preços para cima quando são maiores do que os compradores, mais organizados (exemplos: cartéis e oligopólios), ou quando o custo de troca de fornecedor é muito alto (exemplo: penalidades contratuais).

A rivalidade entre os competidores normalmente se baseia no grau de maturidade das empresas concorrendo em um mesmo mercado. Além disso, fatores como concentração de poder, grau de diferenciação de produtos, nível de demanda e estrutura de regulação do mercado também influenciam o grau de rivalidade entre os competidores e os níveis de preço praticados por eles. A rivalidade é reduzida quando o poder é concentrado em uma ou poucas empresas, como no caso de monopólios ou oligopólios, ou quando os competidores têm ofertas de valor claramente diferenciadas, a demanda é estável, previsível ou crescente, ou ainda quando regulamentações delimitam a competição, no caso de reserva de mercado.

Ao se utilizar o modelo de cinco forças de Porter, é importante correlacionar todas as forças e analisá-las dentro de um contexto único, enfatizando sempre aquelas com maior impacto sobre a oferta de valor da empresa no mercado selecionado. A oferta de valor proveniente dessa análise deverá posicionar a empresa, primordialmente, em uma das estratégias básicas de atuação: nicho ou escala.

Segundo Doyle e Stern (2006), empresas que escolhem atuar em nicho focam em um segmento específico, geralmente bastante restrito, do mercado. Em geral, essas empresas caracterizam-se por uma oferta de valor bastante diferenciada para seu público-alvo, o que lhes permite cobrar preços normalmente mais elevados do que a concorrência. Para tanto, a empresa precisa ser altamente especializada no segmento em que pretende atuar e ser capaz de oferecer diferenciais para seu cliente no que tange aos quatro Ps do composto de marketing – seja um ponto de venda em local privilegiado, formas de entrega e pagamento atraentes para o cliente ou a agregação de serviços que enriqueçam a experiência com a marca, justificando, assim, preços acima dos praticados pela concorrência.

A estratégia de atuação por escala, por sua vez, caracteriza-se por altos volumes de vendas e preços bastante similares aos praticados pela concorrência naquele mercado, ou até mesmo mais baixos. A oferta de valor nesse tipo de estratégia privilegia uma relação custo x benefício muito focada em alta capacidade de produção, agilidade de entrega, rapidez nas respostas às demandas dos clientes e preços competitivos.

A oferta de valor com que a empresa introduzirá novo produto em um país-alvo deve estar verdadeiramente refletida nos produtos entregues aos clientes finais, sob pena de se perder rapidamente a confiança dos mesmos e, consequentemente, o posicionamento almejado naquele mercado. Ao mesmo tempo, deve possibilitar à empresa atingir seus objetivos que, segundo Albaum e Duerr (2011), podem incluir: retorno satisfatório sobre o investimento realizado para viabilizar a operação de exportação, manutenção ou aumento do *market share* no mercado-alvo, maximização do lucro ou acompanhamento dos movimentos da concorrência.

Para alcançar esses objetivos a empresa pode lançar mão de uma ou mais estratégias de precificação na introdução de um produto no país-alvo, conforme também destacam Albaum e Duerr (2011):

❑ precificação por *skimming* – ocorre quando a empresa cobra o preço mais alto possível por um novo produto no mercado, buscando obter a maior lucratividade possível antes que a concorrência passe a oferecer produtos similares e force os preços para baixo. O público-alvo é de consumidores não sensíveis a preço e em segmentos de produtos ou serviços de tecnologia, cujos investimentos em pesquisa e desenvolvimento (P&D) são altos na fase de desenvolvimento do produto ou serviço;

❑ acompanhamento da curva de demanda (*sliding down the demand curve*) – ocorre quando a empresa gerencia as fases da demanda por um novo produto. Nas fases iniciais, a fim de potencializar sua oferta de valor e posicionar o produto de forma diferenciada junto aos consumidores, a empresa aplica altos preços e, à medida que a demanda aumenta, os reduz, atentando para o fato de que os custos de produção podem ser reduzidos até o ponto em que ainda garantam a lucratividade da operação;

❑ aplicação dos menores preços possíveis (*penetration pricing, preemptive pricing e extinction pricing*) – geralmente relacionadas à atuação por escala, nestas estratégias de precificação a empresa busca aplicar os menores preços possíveis de forma a:

  ❑ criar rapidamente alta demanda pelo produto em um novo mercado (*penetration pricing*);

  ❑ desestimular a entrada de novos concorrentes (*preemptive pricing*); ou

  ❑ neutralizar concorrentes já existentes (*extinction pricing*).

Essas estratégias podem ser aplicadas em diferentes fases da curva de demanda no mercado-alvo e somente são válidas se os preços praticados não forem inferiores aos custos de produção da empresa, sob pena de se incorrer em acusações de *dumping*, como veremos a seguir.

A adoção de uma dessas estratégias em um mercado externo depende fundamentalmente da análise da oferta de valor que a empresa pretende praticar no mercado em questão. Não existe estratégia melhor ou pior, mas sim aquela mais adequada à realidade da empresa frente aos fatores analisados ao longo da construção da oferta de valor e frente aos objetivos da empresa ao acessar o mercado externo.

Aspectos regulatórios

Além dos aspectos mencionados nos itens anteriores, como custos inerentes ao processo de exportação e tipo de posicionamento desejado no mercado-alvo, o cálculo do preço final de exportação deve considerar os aspectos regulatórios do mercado-alvo. Entre esses aspectos, destacamos os acordos internacionais, as barreiras tarifárias e não tarifárias, as normas relacionadas à prática de *dumping* e os preços de transferência.

Acordos internacionais

Os acordos internacionais de preferências tarifárias permitem a redução de impostos incidentes sobre a mercadoria no país de destino e melhoram a competitividade do produto brasileiro à medida que reduzem seu custo para o cliente final. Atualmente o Brasil faz parte de 23 acordos bilaterais ou multilaterais de comércio, com cerca de 20 países. Entre os acordos multilaterais, podemos destacar o Mercosul, o Sistema Global de Preferências Comerciais (SGPC) e o Sistema Geral de Preferências (SGP), além de uma série de acordos bilaterais entre o Brasil e países dos cinco continentes.

Ao negociar com determinado país, é importante verificar a existência de acordos com o Brasil que possam reduzir o custo do produto para o importador e considerar esse benefício na formação do preço final de exportação. Para garantir que o produto se beneficie dessa redução, o exportador brasileiro deve buscar, junto aos órgãos competentes, tais como o Ministério do Desenvolvimento, Indústria e Comércio Exterior, o Ministério das Relações Exteriores, as câmaras de comércio e as federações estaduais de indústria e comércio, informações sobre as normas para cumprimento dos requisitos de tais acordos. Em geral, esses requisitos envolvem a emissão, no Brasil, de um certificado de origem que comprove que o produto é genuinamente brasileiro e cumpre as regras de origem estabelecidas pelo acordo.

Barreiras tarifárias e não tarifárias

Se por um lado os acordos internacionais podem levar à redução do preço final de exportação, por outro a existência de barreiras tarifárias e não tarifárias no mercado-alvo levará ao aumento desse preço. Barreiras tarifárias são os impostos cobrados sobre a importação ou exportação de produtos. O Brasil, assim como a grande maioria dos países, não cobra impostos na exportação (à exceção do couro *wet blue*). No entanto, praticamente todos os países do mundo cobram impostos na importação, ou seja, no momento em que um produto estrangeiro entra no mercado doméstico. A cobrança de impostos visa regular a entrada de produtos importados no país e garantir a competitividade dos similares produzidos internamente.

As barreiras não tarifárias são formas de controlar ou reduzir a entrada de produtos estrangeiros em um determinado mercado sem a cobrança de impostos. Como exemplos, podemos citar as cotas de importação, exigências de embalagem, regulamentações sanitárias, normas de qualidade e normas técnicas, entre outras. Ainda que esse tipo de barreira ao comércio internacional não represente a cobrança de taxas ou impostos por parte dos órgãos reguladores no mercado-alvo, as barreiras não tarifárias, de fato, representam aumentos nos custos de produção e adaptação do produto àquele mercado. É importante destacar ainda que, ao contrário das barreiras tarifárias, as barreiras não tarifárias nem sempre são explicitadas na forma de normas ou regulamentos no mercado-alvo. Elas podem meramente refletir as práticas de mercado ou preferências do consumidor, tornando mais difícil para o exportador conhecê-las e calcular os custos das adaptações necessárias para superá-las. De acordo com Oliveira (2005:219), "as barreiras não tarifárias (BNT) ao comércio internacional se tornaram mais importantes do que as tarifárias, em razão da extensão em que as mesmas podem distorcer ou restringir o comércio internacional". Especificamente com relação às barreiras técnicas (regulamentações sanitárias, normas de qualidade e normas técnicas), acordos internacionais vêm estimulando seu registro em órgãos denominados "pontos focais de barreiras técnicas", reconhecidos pela Organização Mundial do Comércio (OMC), como a referência em barreiras técnicas em seus respectivos países. No caso brasileiro, o ponto focal das barreiras técnicas internacionais é o Instituto Nacional de Metrologia, Qualidade e Tecnologia (Inmetro), que, por meio do serviço "Alerta Exportador", oferece informação gratuita sobre barreiras técnicas que afetam a entrada de produtos brasileiros nos mais diversos mercados internacionais, bem como sobre quais são os pontos focais das barreiras técnicas nesses mercados. A consulta a esse tipo de informação é importante para que o exportador brasileiro conheça as barreiras que enfrentará no mercado e possa adequar seu produto de forma a suplantá-las.

Dumping

O acirramento na competição entre empresas de diferentes países e as tendências protecionistas que alguns países têm apresentado como resposta às recentes crises no cenário econômico internacional vêm levando os governos a serem cada vez mais rígidos com relação à prática de *dumping* internacional. Considera-se que há prática de *dumping* quando uma empresa exporta um produto a preços inferiores àqueles que ela pratica nas vendas para seu mercado interno. Dessa forma, a diferenciação de preços já é, por si só, considerada prática desleal de comércio e abre precedentes para que os concorrentes no mercado-alvo solicitem ao seu governo a adoção de medidas *antidumping*. Segundo Amaral (2004:103), a adoção de medidas *antidumping* é "bastante difundida, especialmente entre os países desenvolvidos, e afeta de forma substancial as exportações de países em desenvolvimento, como o Brasil".

As medidas *antidumping* têm objetivo de evitar que os produtores locais de um mercado sejam prejudicados por importações realizadas a preços de *dumping* e podem ser aplicadas na forma de:

❏ alíquotas *ad valorem* (percentual sobre o valor do produto importado);
❏ alíquotas específicas (valor fixo cobrado independentemente do valor do produto); ou
❏ combinação de ambas.

É importante destacar que sua natureza é distinta do imposto de importação cobrado na entrada do produto no mercado-alvo, e mesmo produtos não sujeitos à aplicação integral ou parcial do imposto de importação no mercado em questão estarão sujeitos à cobrança de direitos *antidumping* caso seja comprovada a adoção dessa prática desleal de mercado por parte do exportador. Na prática, a adoção de medidas *antidumping* contra determinado produto levará ao aumento do seu preço final ao consumidor externo, muitas vezes inviabilizando sua exportação para o mercado em questão.

A Organização Mundial do Comércio é o organismo responsável pela regulamentação em torno das práticas desleais de mercado em nível internacional. No Brasil, o órgão responsável pela condução das investigações *antidumping* é o Departamento de Defesa Comercial (Decom), vinculado à Secretaria de Comércio Exterior (Secex) do Ministério do Desenvolvimento, Indústria e Comércio Exterior.

Preços de transferência

Nas operações de exportação intrafirma, ou seja, vendas entre matriz e subsidiária de empresas transnacionais ou entre suas subsidiárias, os preços cobrados geralmente apresentam patamares diferentes daqueles cobrados no mercado, caracterizando-se como preços de transferência. De acordo com Amaral (2004:148), os preços de transferência "não são negociados em condições de livre mercado, mas via de regra determinados pelo controlador das empresas interdependentes envolvidas". Tal situação pode levar a distorções entre os preços praticados nas operações intrafirma – em que as margens de lucro e condições de pagamento costumam ser bastante diferenciadas – e aqueles cobrados de compradores externos às organizações transnacionais.

Segundo Chee e Harris (1998), os preços de transferência podem ser utilizados como ferramentas de redução de custo nas operações das empresas transnacionais, por exemplo, por meio da adoção de níveis mais elevados de preço para as subsidiárias localizadas em países com níveis tributários mais baixos. Quando a empresa controladora das operações entre matriz e filial não consegue comprovar que as diferenças nos níveis de preços se devem à estrutura produtiva (custos de produção, margem de lucro nas operações intrafirma, estratégia de fornecimento entre diferentes divisões de uma mesma multinacional) em que a operação de exportação se deu, os órgãos reguladores do mercado-alvo podem lançar mão de procedimentos de controle de preços de transferência. Tais procedimentos buscarão compreender as características da referida estrutura produtiva e, caso se comprove que os preços de transferência praticados realmente camuflam uma estratégia de redução de custos nas operações da transnacional, poderão ser aplicadas medidas compensatórias que ajustem o preço cobrado à realidade do mercado-alvo.

Decisões de distribuição em nível internacional

As decisões de distribuição em nível internacional devem tratar das questões relacionadas a como os clientes finais terão acesso ao produto que se pretende exportar – o "P" relacionado à praça ou ponto de venda, no composto de marketing. Tais questões envolvem desde a forma como o produto chegará ao país de destino, passando pela modalidade de exportação e logística internacional, até os requisitos necessários aos canais de distribuição para garantir o correto posicionamento estratégico da marca no país-alvo, passando por decisões como custo, cobertura, continuidade e controle desses canais.

Como foi visto no capítulo 1, a primeira decisão relacionada à forma como o produto ou serviço chegará ao país de destino é a modalidade de exportação: direta ou indireta e as formas mistas.

A escolha da modalidade de exportação mais adequada à operação deverá ser orientada pelas expectativas da empresa em relação ao mercado selecionado e, principalmente, pela análise da oferta de valor para aquele mercado, como foi discutido na seção sobre decisões de preço em nível internacional.

Com relação à logística internacional, é importante que o exportador brasileiro conheça todas as possibilidades de gestão do processo aduaneiro e logístico e defina, em comum acordo com seu cliente, a mais condizente com a oferta de valor construída no momento da precificação, maximizando os benefícios para ambas as partes. A definição do Incoterm mais adequado a cada operação deve levar em consideração os seguintes aspectos:

❑ conveniência financeira do exportador em arcar com os custos do Incoterm escolhido, considerando que arcar com tais custos poderá conferir maior competitividade e fidelização do cliente ao produto brasileiro, mas, ao mesmo tempo, representa maior necessidade de aporte de recursos financeiros por parte do exportador brasileiro no momento da contratação do frete e seguro, por exemplo;

❑ facilidade na contratação do frete e seguro, tendo em mente, além dos recursos financeiros necessários, as especificidades do produto e do país-alvo (exemplos: produto sensível, de difícil manuseio, malha de transporte rodoviário e ferroviário existente no mercado-alvo, estrutura para desembaraço aduaneiro). Também o nível de conhecimento do exportador brasileiro sobre a legislação aduaneira e especificidades logísticas no país-alvo deve ser considerado;

❑ estrutura administrativa da empresa, considerando que a contratação de operações com Incoterms mais complexos, como o DDP (*delivery duty paid*), envolve uma série de trâmites aduaneiros e logísticos, o que exige equipe capacitada para sua correta gestão ou, preferencialmente, a contratação de um operador logístico especializado nesse tipo de operação;

❑ legislação dos países envolvidos, uma vez que determinados mercados não permitem que serviços de seguro e transporte interno sejam contratados e pagos por empresas estrangeiras;

❑ competência, capacidade gerencial e escala na cadeia logística por parte do importador, bem como sua necessidade de garantir o recebimento do produto em prazos determinados farão com que o importador assuma mais riscos e custos, procurando comprar nas modalidades EXW ou FOB.

A utilização de Incoterms em que há maior grau de risco e custo envolvido irá, certamente, afetar o preço final de exportação do produto, já que o exportador deverá arcar com custos de transporte, desembaraço aduaneiro, estufagem e/ou desestufagem, entre outros, a depender do Incoterm escolhido.

Da mesma forma, afetará também o grau de competitividade e poderá auxiliar no melhor posicionamento do produto no mercado-alvo, uma vez que a responsabilização pelos custos e riscos citados faz com que o exportador tenha maior controle da cadeia de distribuição de seu produto.

Além das formas de acesso do produto ao mercado externo, o exportador deve também avaliar a estrutura de presença no mercado que melhor viabilize a chegada do produto aos clientes finais, refletindo o posicionamento esperado pela oferta de valor. Essa estrutura pode ser constituída de escritórios de representação, agentes comerciais, centros de distribuição, franquias ou lojas próprias. A escolha de uma dessas formas de distribuição e a maneira como será gerenciada devem estar fundamentalmente relacionadas a questões analisadas ao longo da construção da oferta de valor para o mercado selecionado, tais como o segmento de atuação (consumidor final ou vendas corporativas), a maneira como os concorrentes estruturam seus canais de distribuição e os hábitos de consumo do público-alvo, pois, como afirmam Kotler e Keller (2006:464), "para criar valor com sucesso, é preciso entregar valor com sucesso".

Cabe ressaltar que a decisão sobre o modelo de distribuição e gerenciamento de canais deve levar em consideração o grau de comprometimento de recursos financeiros e humanos que a empresa exportadora pode dedicar à operação de seus canais de vendas no mercado-alvo, o nível de risco que a empresa suporta, o grau de controle necessário para garantir a correta entrega do valor esperado pelo cliente, além, obviamente, do lucro esperado com a operação de exportação. De acordo com a importância de um ou mais desses aspectos para a empresa exportadora, esta poderá lançar mão de um ou mais modelos de estruturação de sua cadeia de distribuição no mercado-alvo, como mostra a figura 2.

Figura 2
ESCALA DE COMPROMETIMENTO, RISCO, CONTROLE E LUCRO

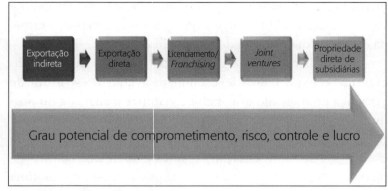

Fonte: Kotler e Keller (2006:677).

O esquema da figura 2 representa as diferentes possibilidades de estruturação de uma cadeia de distribuição no mercado-alvo, porém deve-se ter em mente que elas não são excludentes entre si. Uma mesma empresa pode operar com modelos distintos em diferentes mercados ou, ainda, ter um mix de modelos em um mesmo mercado. Outro ponto de destaque é a possibilidade de se estruturar uma operação de distribuição com base em um modelo virtual de negócio – o *e-commerce*. Cada vez mais, consumidores do mundo inteiro realizam suas compras por meio de plataformas de comércio eletrônico, o que faz com que essa opção de distribuição tenha ganhado relevância crescente recentemente. De acordo com a American National Retail Association, as vendas online têm tido crescimento superior às dos canais tradicionais de venda nos últimos anos, como lojas e representantes comerciais, e soluções de *m-commerce*, ou seja, comércio eletrônico para dispositivos móbile, como *smartphones* e *tablets*, são cada vez mais valorizadas por consumidores de todo o mundo.

A escolha do modelo de distribuição mais adequado à empresa passa também pela forma de estruturação da cadeia distribuidora. Esta pode ser feita por meio de: aquisições de intermediários (agentes, distribuidores, pontos comerciais) no mercado-alvo; criação de uma nova rede de distribuição; ou estabelecimento de parcerias estratégicas com empresas locais que permitam acesso à estrutura de montagem e acabamento dos produtos para entrega imediata aos clientes finais (*original equipment manufacturer* – OEM); utilização de esforços conjuntos de vendas em segmentos similares do mercado (*joint marketing*); ou ainda criação de uma nova empresa com um parceiro local, com o objetivo de produzir no mercado-alvo (*joint venture*). Outro modelo gerencial para expansão das operações internacionais, cada vez mais usado em função de sua economicidade e dinamismo, é o modelo de franquias, em que o franqueador estabelece requisitos mínimos de operação e oferece treinamento e *know-how* no segmento de atuação para que o franqueado local possa estabelecer o canal de distribuição da forma mais competitiva possível.

De acordo com Chee e Harris (1998), alguns dos principais aspectos que devem ser observados na escolha de um canal de distribuição são:

❑ custo do canal – os custos de um canal de distribuição podem ser divididos em iniciais, de manutenção e logísticos. Os custos iniciais são aqueles necessários para o estabelecimento do canal, tais como viagens para negociação com parceiros potenciais, contratação de advogados para definição das cláusulas contratuais e tempo dos executivos envolvidos. A partir do momento em que o canal é estabelecido, a empresa passa a incorrer nos custos de manutenção, que incluem, além de custos fixos como o aluguel do espaço, custos variáveis como a remuneração da equipe de vendas, margem de lucro do parceiro detentor do canal e despesas com publicidade e propaganda no mercado-alvo. Além desses, também ocorrerão os custos logísticos, relacionados ao transporte interno no mercado-alvo, armazenagem e manuseio dos produtos, de forma a deixá-los prontos para consumo, de acordo com os hábitos dos consumidores locais;

❑ cobertura do canal – a cobertura de um canal de distribuição refere-se a sua abrangência geográfica no mercado-alvo. É importante destacar que a qualidade da cobertura refere-se não apenas ao número de regiões atendidas pelo canal, mas também a seus atributos, tais como localização e experiência do parceiro distribuidor no segmento de mercado em que o exportador pretende inserir seus produtos. A estratégia de cobertura, em determinado mercado, pode ser: (a) intensiva, quando o exportador opta por distribuir seus produtos por uma ampla gama de intermediários, como agentes e varejistas, de forma a atingir a maior fatia possível do público-alvo; (b) seletiva, em que o exportador seleciona um número limitado de intermediários e varejistas nas regiões em que os mesmos atuarão, de forma a garantir boa cobertura para seu público-alvo; ou (c) exclusiva, em que apenas um intermediário ou varejista é selecionado para atuação, garantindo a melhor cobertura possível para seu público-alvo, que é restrito e seletivo. Neste último caso, geralmente a oferta de valor envolve um relacionamento bastante próximo com os clientes finais, o que faz com que geralmente também se lance mão de estratégias de vendas diretas para maior fidelização dos clientes;

❑ continuidade do canal – como o estabelecimento de um canal de distribuição representa um compromisso de longo prazo – mesmo que a estrutura seja terceirizada ou controlada por um parceiro do mercado local –, um dos pontos mais relevantes na análise da melhor estratégia de distribuição é o potencial de continuidade das operações do canal. Fatores como a legislação local, influência dos competidores, aderência do canal aos hábitos de consumo locais e à oferta de valor da empresa devem ser fortemente considerados ao se verificar a capacidade de continuidade das operações de um canal no mercado selecionado. Outro fator importante é o poder do canal na estrutura de distribuição no mercado-alvo, pois, como visto no modelo de cinco forças de Porter, mercados em que os consumidores possuem alto poder de barganha podem tender ao enxugamento em suas cadeias de valor e, eventualmente, fragilizar estruturas de distribuição que não consigam fazer frente a essa força do mercado;

❑ controle do canal – o controle do canal de distribuição pode variar entre maior ou menor envolvimento do exportador. Como já mencionado nesta seção, quando abordados os Incoterms, quanto maior o controle sobre a distribuição do produto, maiores são os custos e riscos em que o exportador incorre. Por outro lado, melhor também é a gestão do acesso dos consumidores aos produtos, garantindo que a oferta de valor realmente se reflita na experiência do cliente. Ao analisar o nível de controle que deseja ter sobre a distribuição de seus produtos, o exportador deve avaliar os custos e benefícios de ter uma estrutura própria de distribuição no mercado-alvo, ou encontrar parceiros estratégicos que detenham bom conhecimento do mercado e possam auxiliar efetivamente no correto posicionamento do produto junto ao público-alvo;

As variáveis descritas nos parágrafos anteriores demonstram a relevância de fazer uma ampla análise da estrutura de distribuição no mercado almejado antes de se definir pelo melhor modelo de canais. Considerando essa necessidade, a Agência Brasileira de Promoção de Exportações e Investimentos (Apex-

Brasil), vinculada ao Ministério do Desenvolvimento, Indústria e Comércio Exterior, mantém centros de negócios no exterior, com completa estrutura de apoio ao exportador brasileiro. Em maio de 2013 os centros de negócios estavam instalados em Miami, São Francisco, Dubai, Varsóvia, Havana, Pequim, Bruxelas, Luanda e Bogotá. Eles dão suporte às empresas brasileiras que optam por abrir filiais nos países, manter estoques de produtos, *showrooms* ou escritórios de negócios. Os centros de negócios são uma evolução dos centros de distribuição da Apex-Brasil, implantados a partir de 2005. Enquanto anteriormente o foco era o suporte logístico às exportações, hoje o foco dos centros de negócios está no apoio global à instalação de empresas brasileiras no exterior, desde a fase de estudos de viabilidade até a definitiva instalação de uma operação local.

Em um ambiente em que empresas do mundo inteiro estão competindo com "todo mundo, em todo lugar, por tudo" (Sirkin et al., 2007), construir cadeias de valor próprias ou na forma de alianças estratégicas tem se tornado cada vez mais crucial para garantir diferenciais competitivos para a inserção de produtos em mercados externos. Ainda que a empresa esteja em seus estágios iniciais de exportação, a reflexão sobre a melhor forma de levar seus produtos até o mercado-alvo e a busca de soluções integradas de distribuição podem ser o grande diferencial na oferta de valor para aquele mercado.

Decisões de comunicação em nível internacional

As decisões de comunicação em nível internacional estão relacionadas ao "P" de promoção do composto de marketing. Cada vez mais, as ações promocionais e a comunicação assertiva com o público-alvo têm tido grande peso no ganho de competitividade dos produtos e serviços junto aos consumidores finais, uma vez que o amplo acesso do público à informação é a grande marca do ambiente de negócios globalizado em que as empresas operam atualmente. Os principais aspectos, que devem ser observados na construção de uma campanha de comunicação internacional, são:

❑ os objetivos da campanha;
❑ os aspectos culturais do país-alvo;
❑ o impacto da promoção nos demais componentes do mix de marketing.

Além desses aspectos, o exportador deverá ainda avaliar o grau de padronização ou adaptação de suas ações de comunicação no país-alvo. Uma campanha de comunicação internacional deve ter como principal objetivo levar uma mensagem preestabelecida para o público-alvo selecionado pelo exportador, de modo a comunicar, da melhor forma possível, a proposta de valor desenvolvida para aquele mercado e induzir nos consumidores o desejo de compra do produto. Para que essa proposta de valor chegue até o público desejado, a mensagem passa por um processo de comunicação que, de acordo com Doyle e Stern (2006), acontece conforme o diagrama da figura 3.

Figura 3
PROCESSO DE COMUNICAÇÃO

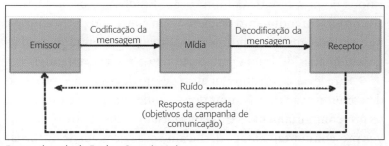

Fonte: adaptado de Doyle e Stern (2006).

Considerando a figura 3, o processo de comunicação depende de um emissor, que pode ser o próprio exportador, um distribuidor local ou um representante, atuando ou não em parceria com o exportador; de um receptor, que é o público-alvo no mercado selecionado, assim como os jornalistas e formadores de opinião daquele mercado; e de um meio – ou mídia – que faça com que a mensagem chegue até esse público. As mídias mais tradicionalmente utilizadas são a TV, rádios, jornais, revistas, cinema, *outdoors*, *indoors* e mobiliário urbano. Nos últimos anos, observa-se também o aumento da importância da internet e redes sociais como ferramentas de comunicação.

A mensagem precisa ser codificada antes de chegar à mídia, para que o receptor perceba corretamente o valor esperado do produto e dê a resposta esperada à campanha, que é, em última instância, o desejo de consumir o produto. A correta decodificação da mensagem é um aspecto especialmente relevante no processo de comunicação internacional. De acordo com Kotabe e Helsen (2000), as principais restrições às estratégias de comunicação global são: as barreiras de linguagem, as barreiras culturais, as atitudes locais em relação à propaganda e a infraestrutura de mídia do mercado-alvo. Essas especificidades requerem atenção no momento da construção da mensagem que se espera levar até o consumidor, sob pena de aumentar os ruídos no processo de comunicação. Ruídos são os obstáculos ao correto entendimento da mensagem construída pelo emissor que prejudicam o entendimento do receptor e enfraquecem as possibilidades de venda para o público-alvo da campanha.

Para levar o consumidor até o desejo de compra, o processo de comunicação deve atingir dois grandes grupos de objetivos: os pré-comportamentais e os comportamentais. Entre os objetivos pré-comportamentais, destacam-se: a necessidade de tornar um produto ou marca conhecidos para determinado público, explicitando seus diferenciais em relação à concorrência; gerar percepção favorável acerca do produto ou da marca junto aos intermediários e/ou consumidores em um determinado mercado; e, por último, gerar o desejo concreto de compra em possíveis consumidores e/ou intermediários nesse mercado. O objetivo comportamental de uma campanha de comunicação deve ser, em última instância, levar o consumidor a comprar. Após ter passado pelos estágios de conhecimento do produto e geração de percepção favorável a respeito dele, espera-se que a campanha de comunicação possa efetivamente gerar desejo de compra no público-alvo, alterando seu comportamento de consumo em relação ao produto.

Para atingir os objetivos de uma campanha de comunicação, as ferramentas de marketing mais tradicionalmente utilizadas são propaganda, relações públicas, publicidade, promoções de vendas, marketing direto e marketing online, como veremos a seguir:

❑ propaganda – é o envio de uma mensagem por meio de espaços comprados nos veículos de mídia, geralmente com objetivo de criar uma imagem positiva e ajudar no posicionamento do produto em um mercado;

❑ relações públicas – gerenciamento sistemático da imagem da empresa mediante o estabelecimento de um bom relacionamento com seus *stakeholders* (consumidores, imprensa, governo, fornecedores, acionistas e formadores de opinião);

❑ publicidade – assim como a propaganda, também visa construir imagem e melhorar o posicionamento de um produto. No entanto, a publicidade não é paga, e deriva de mensagens espontâneas – ou seja, não controladas pelo emissor – nos veículos de mídia com informações sobre o produto. Por essas características, as ações de publicidade desfrutam de maior credibilidade junto ao público-alvo;

❑ patrocínio – também é uma ferramenta de comunicação que visa à construção de um bom posicionamento de marca, porém, diferentemente da publicidade e da propaganda, não o faz por meio da criação de uma imagem positiva do produto, mas sim pela associação a outra imagem já bem estabelecida no mercado. Tal associação se dá por meio do pagamento de cotas que garantam maior ou menor exposição do produto ligado à imagem já consolidada no mercado, tais como grandes marcas, eventos esportivos e sociais;

❏ promoção de vendas -- são ações que visam acelerar o fluxo de compras de um produto por um período determinado, por meio da concessão de benefícios extras ao consumidor, tais como: redução no preço, oferecimento de brindes ou promoções "pague um, leve dois". Essa ferramenta somente deve ser usada por períodos curtos, sob pena de desconstruir a oferta de valor proposta para o produto;

❏ marketing direto – ferramenta de comunicação personalizada, que visa levar uma mensagem customizada ao consumidor, buscando uma resposta rápida à campanha. Entre as várias formas de marketing direto, estão a mala direta, o telemarketing, o *mailmarketing* e a venda direta;

❏ marketing online – pode ser considerado uma das modalidades do marketing direto e vem se tornando uma das mais importantes e acessíveis ferramentas de marketing atualmente. O marketing online se utiliza do poder e da abrangência de cobertura da internet e suas redes sociais para promover um novo tipo de relacionamento com os consumidores, chamado de marketing interativo. Cada vez mais, empresas do mundo todo se utilizam de blogs e redes sociais, como Twitter, Linkedin e Facebook, para se aproximar de seus clientes finais e conhecer, em tempo real, suas reações e opiniões a respeito de seus produtos.

As campanhas de comunicação nos mercados internacionais devem ser construídas considerando as ferramentas de marketing que melhor reflitam a proposta de valor da empresa, além de respeitar as especificidades de cada um dos mercados, conforme já mencionado. A utilização de cores, símbolos e imagens deve ser rigorosamente observada, a fim de não ferir costumes locais e gerar uma imagem negativa em relação à empresa exportadora e seu produto. Da mesma forma, a produção de textos publicitários deve ser feita por pessoas bastante conhecedoras do idioma e dos costumes do mercado-alvo, preferencialmente residentes naquele país, para evitar erros de tradução que possam gerar ruídos no processo de comunicação.

Geralmente, as campanhas de comunicação se utilizam de ferramentas distintas de marketing nos diferentes mercados em que são veiculadas, a fim de influenciar o comportamento dos consumidores locais de forma mais efetiva. O nível de adaptação de uma campanha de comunicação aos diferentes mercados depende, entre outros fatores, do grau de diferenciação da proposta de valor do produto entre um mercado e outro, além do estágio de maturidade daquele produto em cada um dos mercados. Em mercados nos quais o produto está se inserindo e, portanto, há necessidade de criação de uma imagem positiva, certamente a campanha terá maior foco nos objetivos pré-comportamentais e deverá lançar mão das ferramentas de marketing mais adequadas a esse tipo de objetivo, tais como a propaganda e o patrocínio, por exemplo. Em mercados onde o produto já tem boa penetração, porém há necessidade de se influenciar diretamente o comportamento do consumidor e alavancar as vendas, ferramentas de marketing como a promoção de vendas ou o marketing direto podem ser mais indicadas.

Além das ferramentas tradicionais de marketing, as ações de promoção comercial vêm ganhando cada vez mais destaque entre os instrumentos de marketing internacional disponíveis para os exportadores brasileiros. Por promoção comercial, entende-se a utilização de instrumentos como feiras, missões comerciais, ações em pontos de venda e ações de relacionamento no exterior como forma de ativar os consumidores ou potenciais consumidores do mercado-alvo. No Brasil, o órgão responsável pela organização das ações de promoção comercial para as empresas brasileiras é a Agência Brasileira de Promoção de Exportações e Atração de Investimentos (Apex-Brasil). A cada ano, a Apex-Brasil organiza, individualmente ou em parceria com as entidades representativas dos setores produtivos brasileiros, cerca de 900 eventos em quase 80 diferentes mercados de todo o mundo, conforme a lista completa dos eventos apoiados pela Apex-Brasil, que pode ser consultada no site da agência.

As ações de promoção comercial possibilitam ao exportador oportunidades únicas de aproximação com os consumidores ou intermediários nos seus mercados-alvo, visando promover a imagem de seus produtos ou ampliar as vendas para esses mercados. No entanto, para que esses objetivos de comunicação sejam atingidos e as oportunidades sejam efetivamente aproveitadas, é importante que a empresa observe alguns aspectos ao participar de tais ações:

❑ antes do evento: avaliar o potencial do mercado, verificando se a proposta de valor da empresa é aderente ao ambiente de negócios local; checar a lista de potenciais compradores que participarão do evento, procurar conhecer mais sobre seus hábitos de compra e procurar estabelecer contatos antes do evento; montar a tabela de preços de exportação, considerando a proposta de valor da empresa e os aspectos logísticos inerentes ao mercado-alvo; preparar material promocional, como catálogos e *folders*, considerando os aspectos culturais, idioma e hábitos de consumo do mercado-alvo;

❑ durante o evento: ter participação ativa e profissional na programação, observando o estrito cumprimento de horários e os hábitos locais de negociação; gerenciar os *prospects*, cuidando para que a mensagem sobre a empresa e o produto chegue corretamente a ele e potencializando as possibilidades de efetivação das vendas; aproveitar a oportunidade do evento para realizar *networking* e conhecer as práticas de concorrentes e fornecedores;

❑ após o evento: dar devido acompanhamento às oportunidades geradas durante o evento, visando avançar nas negociações e concretizar as oportunidades de negócios prospectadas; dar continuidade às ações de marketing naquele mercado, visando manter a imagem construída e ampliar a rede de clientes.

A participação de forma organizada e conjunta em eventos de promoção comercial garante às empresas brasileiras uma melhor relação custo x benefício nas suas estratégias de marketing internacional. Como cita a Apex-Brasil, em seu livro "A primeira exportação a gente nunca esquece" (2003:47),

> os exportadores brasileiros sempre participaram de feiras e missões. A diferença é que agora estão participando de uma forma mais organizada, compartilhando os custos na compra de espaços, na montagem de estandes e na elaboração de catálogos, recebendo orientações específicas sobre cada feira e participando de encontros de negócios pré-agendados.

Somente em 2012, mais de 12 mil empresas brasileiras participaram das ações promovidas pela Apex-Brasil. A participação conjunta e contínua em eventos de promoção comercial, nos mais diversos mercados, tem auxiliado fortemente na construção de uma imagem positiva em torno dos nossos produtos e serviços, agregando atributos como profissionalismo, inovação e competitividade às marcas brasileiras e potencializando nossas oportunidades de negócio no exterior. Isso demonstra a importância das ações de promoção comercial no composto de marketing dessas empresas.

Neste capítulo, você, leitor, pôde conhecer as estratégias em nível internacional no que tange às decisões de produto global, customizado ou local; marca global ou local; canais de distribuição e comunicação global ou local. Procuramos exemplificar os conceitos com casos de empresas brasileiras que atuam no mercado internacional, para tornar mais fácil o entendimento da aplicabilidade dessas práticas.

Exercitando conceitos

1. A Marcopolo, terceira maior fabricante de ônibus do mundo, exporta tecnologia e *design* brasileiros, além de produzir em diversos países, tendo a maior fábrica de ônibus do mundo na Índia. O produto ônibus é global ou customizado? Explique sua resposta.
2. Discuta a relação entre as decisões de preço e distribuição no país-alvo e a importância da correta definição dos Incoterms nessa relação.
3. Quais aspectos devem ser considerados ao se decidir a melhor estrutura de distribuição em um mercado externo?
4. Em que medida as campanhas de comunicação devem ser adaptadas às especificidades de cada mercado-alvo? Por quê?

Estudo de caso: internacionalização de uma marca brasileira de surfwear

Agora você, leitor, que já conhece as estratégias de produto e marca, preço, distribuição e comunicação, poderá responder aos seguintes questionamentos sobre o caso da internacionalização da marca Redley:

1. Quais os cuidados iniciais com a marca que a Redley deverá ter ao ingressar no mercado internacional?
2. Quais seriam seus canais de distribuição. Como seria a distribuição de seus produtos em função do posicionamento estratégico escolhido pela Redley?
3. Se a fábrica da Redley tem restrição de produção em certas épocas do ano, e o objetivo inicial, ao começar as exportações, era minimizar o efeito sazonalidade, a estratégia escolhida foi criar "demanda reprimida", ou seja, vender menos que o mercado demanda e se posicionar com um produto *premium*. Qual deveria ser a estratégia de precificação nesses casos?

Agora podemos comentar: o caso Redley é verídico e mostra como problemas enfrentados pelas empresas, na década de 1990, são os mesmos que uma empresa brasileira de pequeno ou médio porte ainda enfrenta nos dias de hoje. Entre 1992 e 1996, a marca Redley foi um sucesso em Portugal e "fez a cabeça" de uma geração com seus tênis tricolores, com um preço três vezes mais caro, em dólares americanos, do que o praticado no varejo brasileiro. Nos anos 1990, a marca era exportada para EUA, Venezuela, Peru, Chile, Argentina, Uruguai, Paraguai, Portugal, França, Espanha, Inglaterra e Japão, e a Redleyfins era referência no *bodyboard* mundial. Quando o *bodyboarder* Guilherme Tâmega ganhou o primeiro campeonato mundial, dos seis ganhos em sua carreira, era um atleta patrocinado pela Redley. O Brasil é o segundo no ranking de campeonatos mundiais de *bodyboard*, atrás somente dos EUA. No *bodyboard* feminino, de 23 campeonatos mundiais já realizados, 20 foram ganhos por brasileiras. Mariana Nogueira também era uma patrocinada da Redley quando foi campeã mundial.

Exemplos de empresas brasileiras que exploraram segmentos de negócios que têm sinergia e se colocaram no mundo não são muitos. Mormaii é mais um dos exemplos.

A Alpargatas faz um ótimo trabalho de internacionalização da marca Topper no Japão e na Argentina, vinculando o produto ao futsal e ao futebol brasileiro, esportes que têm grande visibilidade mundial. Por que outras marcas brasileiras não seguem esse caminho?

Conclusão

Procuramos, neste livro, transmitir a você, leitor, os conceitos básicos de marketing internacional, abordando os modos de entrada no comércio internacional e as estruturas e estratégias de internacionalização complexas, as fontes de informação no comércio internacional e como desenvolver o marketing mix em nível internacional.

Contudo, a grande mensagem que gostaríamos de deixar gravada na mente dos leitores deste livro é que o Brasil precisa exportar produtos com maior valor agregado e tecnologia, em áreas nas quais temos sinergia, como o agronegócio, ou em novas áreas da fronteira tecnológica. E temos de criar e desenvolver marcas globais.

A Coreia do Sul, que há 30 anos tinha um nível de desenvolvimento menor do que o nosso naquela época, hoje tem marcas globais, como a Hyundai, Samsung e LG, líderes globais em alguns segmentos de produtos.

Para que possamos conseguir ter marcas e empresas globais, precisamos desenvolver gestores com conhecimento e sensibilidade para os negócios internacionais.

Além de profissionais de comércio exterior, precisamos formar gestores de marketing, finanças, logística, produção e gestão de pessoas para trabalhar em empresas internacionalizadas.

As empresas brasileiras precisam entender que, apesar de estar em um grande mercado interno, a economia é cíclica. Ficar dependente somente do mercado interno é temerário. Devemos diversificar mercados. A GM e a Ford não quebraram nos EUA em 2009 devido a sua presença em mercados como a China e Brasil, que tiveram crescimento positivo em plena crise.

Em 2012, segundo o Relatório de Investimento Mundial de 2013, da Conferência das Nações Unidas para o Comércio e Desenvolvimento (Unctad), divulgado no Brasil em parceria com a Sociedade Brasileira de Estudos de Empresas Transnacionais e da Globalização Econômica (Sobeet), as empresas brasileiras reduziram em US$ 3 bilhões seus investimentos no exterior, contrariamente aos demais países emergentes, que viram suas empresas aumentar os investimentos externos naquele ano.

Nos últimos anos, com o mercado interno em expansão, as empresas brasileiras focaram esse mercado, o que exigiu um esforço muito grande em recursos financeiros e humanos para conseguir atendê-lo de forma satisfatória.

É uma miopia empresarial que nos acompanha há décadas. O mercado interno se aquece e as empresas brasileiras acabam focando nesse mercado, sendo que, em alguns casos, perdem investimentos e esforços que foram feitos anteriormente na sua expansão internacional.

Os gestores que saem para o mercado não têm praticamente nenhuma formação nessa área e poderão ter dificuldades para desenvolver negócios internacionais nas empresas nas quais irão empreender.

Esperamos que este livro estimule você, leitor, a uma cruzada para multiplicar essa visão: empresas brasileiras desenvolvendo conceitos de produtos e marcas que tragam um imagem positiva do país no exterior, gerando renda e contribuindo para um país cada vez melhor e mais sustentável.

Referências

AGÊNCIA BRASILEIRA DE PROMOÇÃO DE EXPORTAÇÕES E ATRAÇÃO DE INVESTIMENTOS (APEX-BRASIL). *A primeira exportação a gente nunca esquece*: como as empresas brasileiras estão chegando ao mercado externo. Rio de Janeiro: Qualitymark, 2003.

_____. O Brasil que vai além. Brasília, DF: Apex Brasil, [s.d.]. Disponível em: <www.apexbrasil.com.br>. Acesso em: abr. 2013.

ALBAUM, G.; DUERR, E. *International marketing and export management*. 7. ed. Harlow: Pearson Education, 2011.

AMARAL, Antônio C. R. (Coord.). *Direito do comércio internacional*: aspectos fundamentais. São Paulo: Aduaneiras, 2004.

ARGENTI, Paul A.; BARNES, Courtney M. *Sobrevivendo na selva da internet*: como fazer uma comunicação poderosa na web e proteger a reputação de sua empresa. São Paulo: Gente, 2011.

BARRETO, Aldo de Albuquerque. A questão da informação. In: STAREC, Cláudio (Org.). *Gestão da informação, inovação e inteligência competitiva*. São Paulo: Saraiva, 2012. p. 3-14.

BARTLETT, Christopher, A.; GHOSHAL, Sumantra. *Gerenciando empresas no exterior*: a solução transnacional. São Paulo: Makron Books, 1992.

BISHOP, John. *International business (recurso eletrônico)*: Nova York: Amazon, 2012.

BRASIL. Lei nº 5.764, de 16 de dezembro de 1971: define a Política Nacional de Cooperativismo, institui o regime jurídico das sociedades cooperativas, e dá outras providências. Brasília, DF: *Diário Oficial da União*, 16 dez. 1971. Disponível em: <www.planalto.gov.br/ccivil_03/leis/l5764.htm>. Acesso em: 22 abr. 2014.

_____. Decreto-Lei nº 1.248, de 29 de novembro de 1972: dispõe sobre o tratamento tributário das operações de compra de mercadorias no mercado interno, para o fim específico da exportação, e dá outras providências. Brasília, DF: *Diário Oficial da União*, 30 nov. 1972. Disponível em: <www.portaltributario.com.br/legislacao/dl1248.htm>. Acesso em: 22 abr. 2014.

_____. Decreto nº 3.113, de 6 de julho de 1999: regulamenta a Lei nº 9.531 de 10 de dezembro de 1997, que dispõe sobre o Fundo de Garantia para Promoção da Competitividade (FGPC), e dá outras providências. Brasília, DF: *Diário Oficial da União*, 7 jul. 1999. Disponível em: <www.planalto.gov.br/ccivil_03/decreto/D3113.htm>. Acesso em: 22 abr. 2014.

_____. Lei Complementar nº 123, de 14 de dezembro de 2006: institui o Estatuto Nacional da Microempresa e da Empresa de Pequeno Porte... Brasília, DF: *Diário Oficial da União*, 15 dez. 2006. Disponível em: <www.receita.fazenda.gov.br/Legislacao/LeisComplementares/2006/leicp123.htm>. Acesso em: 22 abr. 2014.

CATEORA, Philip R.; GILLY, Mary C.; GRAHAM, John L. *Marketing internacional*. 15. ed. São Paulo: AMGH, 2013.

CHEE, H.; HARRIS, R. *Global marketing strategy*. Londres: Pearson Education, 1998.

CHUNG, Tom. *Negócios com a China*: desvendando os segredos da cultura e estratégias da mente chinesa. Osasco, SP: Novo Século, 2005.

DOYLE, P.; STERN, P. *Marketing management and strategy*. Harlow: Pearson Education, 2006.

ESTADOS UNIDOS DA AMÉRICA. Central Intelligence Agency (CIA). Sweden. In: _____. *The world factbook*. Washington, DC: CIA, 2012. Disponível em:<www.cia.gov/library/publications/the-world-factbook/geos/sw.html>.Acesso em: 25 set. 2012.

FRIEDMAN, Thomas L. *O mundo é plano*. Rio de Janeiro: Objetiva, 2005.

FULD, Leonardo. *Inteligência competitiva*. São Paulo: Campus, 2007.

GHERSI, Carlos Alberto. *Contratos civiles y comerciales*. Buenos Aires: Astrea, 1998.

GOMES, Elisabeth; BRAGA, Fabiane. *Inteligência competitiva*: como transformar informação em um negócio lucrativo. 2. ed. Rio de Janeiro: Campus, 2004.

INSTITUTO BRASILEIRO DE GEOGRAFIA E ESTATÍSTICA (IBGE). *Síntese de indicadores sociais*: uma análise das condições de vida da população brasileira. Rio de Janeiro: IBGE, 2010. Disponível em: <www.ibge.gov.br/home/estatistica/populacao/condicaodevida/indicadoresminimos/sinteseindicsociais2010/SIS>. Acesso em: 8 abr. 2013.

JOHANSON, J.; VAHINE, J. The internactionalization process of the firm: a model of knowlwdge, develpoment and increasing market commitment. *Journal of International Business Studies*, v. 8, n. 1, p. 23-32, 1977.

_____; _____. The mechanisms of internationalization. *International Marketing Review*, v. 7, n. 4, p. 11-24, 1990.

KEEGAN, Warren J.; GREEN, Mark C. *Princípios de marketing global*. São Paulo: Saraiva, 2000.

KOTABE, M.; HELSEN, K. *Administração de marketing global*. São Paulo: Atlas, 2000.

KOTLER, Philip. *Administração de marketing*: análise, planejamento, implementação e controle. São Paulo: Atlas, 1998.

_____; KELLER, Kevin L. *Administração de marketing*. 12. ed. São Paulo: Pearson Prentice Hall, 2006.

KYNGE, James. *A China sacode o mundo*. São Paulo: Globo, 2007.

LIMA, Miguel. *Internacionalização de uma marca brasileira de surfwear*. (Estudo de caso). Rio de Janeiro. Registro Biblioteca Nacional nº 43.258, 15 mar. 1998. 5 p.

_____. et al. *Marketing*. Rio de Janeiro: FGV, 2012.

MACHADO; Tainara; SOUZA, Marcílio. Emergentes aumentam presença no exterior, mas Brasil perde espaço. *Valor Econômico*, São Paulo, p. 3, 27 jun. 2013.

MATTEWMAN, Jim. *Os novos nômades globais*. São Paulo: Clio, 2012.

MINERVINI, Nicola. *O exportador*. São Paulo: Makron Books, 1991.

_____. *O exportador*: ferramentas para atuar com sucesso no mercado internacional. São Paulo: Pearson Prentice Hall, 2008.

OLIVEIRA, Sílvia M. *Barreiras não tarifárias no comércio internacional e direito ao desenvolvimento*. Rio de Janeiro: Renovar, 2005.

PIPKIN, Alex. *Marketing internacional*. São Paulo: Aduaneiras, 2001.

PORTER, Michael E. *Estratégia competitiva*. Rio de Janeiro: Campus, 2005.

RAINER JR., R. Kelly; CEGIELSKI, Casey G. *Introdução a sistemas de informação*. Rio de Janeiro: Elsevier, 2012.

REID, S. Firm internationalization: transaction costs and strategic choice. *International Marketing Review*, Bradford, v. 1, n. 2, p. 44-56, 1983.

ROCHA, Ângela da (Org.). *A internacionalização das empresas brasileiras*: estudos de gestão internacional. Rio de Janeiro: Mauad, 2002.

_____; ALMEIDA, Victor. Estratégias de entrada e de operação em mercados internacionais. In: TANURE, Betânia; DUARTE, Roberto Gonzalez. *Gestão internacional*. São Paulo: Saraiva, 2006. p. 7-37.

SHUKLA, Shyam. *International business*. Nova Delhi: Excel Books, 2010.

SIEGEL, Lucy B. (Org.). *Public relations around the globe*: a window on international business culture. Nova York: Bridge Global Strategies, 2012.

SINA, Amália. *Marketing global*: o desafio de construir uma marca em tempos de globalização. São Paulo: Crescente, 2002.

SIRKIN, H. et al. *Globality*: competing with everyone from everywhere for everything. Nova York: Business Plus, 2007.

STAREC, Cláudio (Org.). *Gestão da informação, inovação e inteligência competitiva*. São Paulo: Saraiva, 2012.

_____; GOMES, Elisabeth Braz Pereira; CHAVES, Jorge Bezerra Lopes. *Gestão estratégica da informação e inteligência competitiva*. São Paulo: Saraiva, 2005.

STUBBART, C. The descriptive allure of development models of strategic processes. In: ANNUAL STRATEGIC MANAGEMENT SOCIETY CONFERENCE, 3., Paris, 1983. *Proceedings...* Londres: Strategic Management Society, 1983.

Sites consultados

Agência Brasileira de Promoção de Exportações e Atuação de Investimentos (Apex-Brasil): <www.apexbrasil.com.br/portal>. Acesso em: abr. 2013.

Alice Web: <http://aliceweb.mdic.gov.br/>. Acesso em: abr. 2013.

Alice Web Mercosul: <www.alicewebmercosul.mdic.gov.br/>. Acesso em: abr. 2013.

American National Retail Association: <www.nrf.com>. Acesso em: abr. 2013.

Associação Brasileira de Franchising (ABF): <www.portaldofranchising.com.br>. Acesso em: abr. 2013.

Associação Brasileira dos Provedores de Acesso, Serviços e Informações da Rede Internet (Abranet): <www.abranet.org.br>. Acesso em: abr. 2013.

Associação de Comércio Exterior do Brasil (AEB): <www.aeb.org.br>. Acesso em: abr. 2013.

Associação Internacional de Desenvolvimento (AID): <http://worldbank.org/ida>. Acesso em: ago. 2014.

Associação Latino-Americana de Integração (Aladi): <www.aladi.org>. Acesso em: abr. 2013.

Banco Internacional para a Reconstrução e o Desenvolvimento (Bird): <http://worldbank.org/ibrd>. Acesso em: abr. 2013.

Banco Mundial: <www.worldbank.org>. Acesso em: abr. 2013.

Câmara Brasileira de Comércio Eletrônico: <www.camara-e.net>. Acesso em: abr. 2013.

Centro das Indústrias do Estado de São Paulo (Ciesp). Diretoria de Relações Internacionais e Comércio Exterior (Derex): <www.ciesp.com.br/diretoria-de-ri-e-comercio-exterior/>. Acesso em: ago. 2014.

Conferência das Nações Unidas para o Comércio e o Desenvolvimento (Unctad): <www.unctad.org>. Acesso em: abr. 2013.

Correios: <www.correios.gov.br>. Acesso em: abr. 2013.

Departamento de Promoção Comercial e Investimentos (DPR) do Ministério das Relações Exteriores (MRE): <www.itamaraty.gov.br/servicos-do-itamaraty/promocao-comercial>. Acesso em: abr. 2013.

Diretoria de Relações Internacionais e Comércio Exterior (Derex) do Centro das Indústrias do Estado de São Paulo (Ciesp): <www.mdic.gov.br/sistemas_web/aprendex/default/index/conteudo/id/251>. Acesso em: abr. 2013.

Fundo Monetário Internacional (FMI): <www.imf.org>. Acesso em: abr. 2013.

Indiamart: <www.indiamart.com>. Acesso em: ago. 2014.

Instituto de Harmonização no Mercado Interno – Ohami: <www.oami.europa.eu>. Acesso em: 22 abr. 2014.

Instituto Nacional de Propriedade Industrial (Inpi): <www.inpi.gov.br>. Acesso em: abr. 2013.

International Trade Administration (ITA): <www.trade.gov/index.asp>. Acesso em: abr. 2013.

Japan External Trade Organization (Jetro): <www.jetro.go.jp>. Acesso em: abr. 2013.

Mercado Comum do Sul (Mercosul): <www.mercosul.org.uy>. Acesso em: ago. 2014.

Ministério da Fazenda (MF): <www.fazenda.gov.br>. Acesso em: abr. 2013.

Ministério do Desenvolvimento, Indústria e Comércio Exterior (MDIC): <www.mdic.gov.br/comercioexterior/estatisticasdeexportacao>. Acesso em: 22 abr. 2014.

Organização Mundial do Comércio (OMC): <www.wto.org> Acesso em: abr. 2013.

Organização para a Cooperação e o Desenvolvimento Econômico (OCDE): <www.oecd.org>. Acesso em: abr. 2013.

Oxford Analytica: <www.oxan.com>. Acesso em: abr. 2013.

Portal Brasileiro de Comércio Exterior: <www.comexbrasil.gov.br>. Acesso em: abr. 2013.

Portal Brasil Global Net: <www.brasilglobalnet.gov.br> Acesso em: abr. 2013.

Programa de Apoio Tecnológico à Exportação (Progex): <http://mct.gov.br/index.php/content/view/8077.html>. Acesso em: abr. 2013.

Programa de Financiamento às Exportações (Proex): <www.bb.com. br/portalbb/page44,107,2944,9,1,1,2.bb?codigoMenu=135&codigoR et=2448&bread=1_4. Acesso em: abr. 2013.

Projeto Vitrine do Exportador: <www.vitrinedoexportador.gov.br>. Acesso em: abr. 2013.

Radar comercial: análise de mercados e produtos: <www.radarcomercial.com.br/>. Acesso em: abr. 2013.

Redeagentes: <www.fiesp.com.br>. Acesso em: abr. 2013.

Rede Brasileira de Centros Internacionais de Negócios (Rede CIN): <www.cin.org.br>. Acesso em: abr. 2013.

Rede de Centros de Informações de Comércio Exterior (Rede Cicex): <http://www2.desenvolvimento.gov.br/sitio/secex/cicex/sitio/inicial/>. Acesso em: abr. 2013.

Rede Mundial de Câmaras de Comércio e Indústria (WCN): <www. worldchambers.com>. Acesso em: abr. 2013.

Revista *World Trade* (WT100): <www.worldtradewt100.com>. Acesso em: abr. 2013.

Textiles Intelligence: <www.textilesintelligence.com>. Acesso em: abr. 2013.

The Economist Intelligence Unit (EIU): <www.eiu.com>. Acesso em: ago. 2014.

United States. Census Bureau: <www.census.gov/foreign-trade/>. Acesso em: abr. 2013.

Os autores

Miguel Lima

Doutor em comunicação empresarial pela Universidade Federal do Rio de Janeiro (UFRJ), mestre em administração pela Universidade Federal Fluminense (UFF), pós-graduado em relações internacionais pela Universidade do Estado do Rio de Janeiro (Uerj) e bacharel em economia pela Universidade Federal Fluminense (UFF). Foi gerente de comércio exterior da Petrobras Internacional S/A (Braspetro) e Petrobras Comércio Internacional S/A (Interbras) e da Irwin Industrial. É professor do Departamento de Administração da UFF, professor convidado do FGV Management e coordenador de cursos. É autor de seis livros na área de marketing, comércio exterior e marketing internacional e consultor na área de internacionalização de empresas e marketing internacional.

Ana Paula L. A. Repezza

Especialista em comércio exterior e negócios internacionais pela Fundação Getulio Vargas (FGV) e bacharel em administração de empresas pela Universidade Federal de Minas Gerais. É gerente executiva de facilitação de negócios internacionais da Apex-Brasil e tem experiência na área internacional em empresas como Gerdau Açominas e Laboratório Neoquímica, entre outras, sempre na área do comércio exterior. Professora convidada do FGV Management.

Kenya do Couto Ferreira Lima

Mestre em sistemas de informação gerencial pela Universidade Federal Fluminense (UFF), especialista em gestão de comércio exterior e negócios internacionais pela Fundação Getulio Vargas, pós-graduada em marketing estratégico pela Universidade Federal Fluminense (UFF), bacharel em administração com habilitação em marketing pela Escola Superior de Propaganda e Marketing (ESPM). Tem experiência gerencial e profissional desenvolvida na Honda-Hayasa, e-Xyon Tecnologia e Lojas Americanas. Professora convidada e tutora do FGV Management e FGV Online.

Pedro Guilherme Kraus

Doutor em engenharia de produção, com ênfase em negócios internacionais pela Universidade Federal de Santa Catarina (UFSC) e pela California State University (Hayward/São Francisco, EUA). Mestre em administração pela Universidade Federal de Santa Catarina (UFSC) e especialista em comércio exterior pela Fundação Universidade Regional de Blumenau (Furb). Professor convidado do FGV Management. Professor convidado da California State University (East Bay, EUA), onde lecionou disciplinas em cursos de graduação e pós-graduação (MBA) e participou ativamente em trabalhos de consultoria a empresas brasileiras e chilenas.